はじめに

英語が話せるようになる！

「学校で何年英語を勉強しても英語が話せない」ということをよく耳にします。英語が話せるようになることは、日本人の永遠のテーマのようです。読み書きはできるのに、なぜか話すことだけは苦手。言いたいことがどうしても英語で出てこないと感じるときがありませんか。でも大丈夫です！　それを克服するお手伝いをするのが本書です。

本書では、自分の英会話がどのくらいできたか、クイズ形式で点数をつけたり、付属のダウンロード音声で生の発音を聞いたりしながら、英語を楽しく学ぶことができます。難しいお堅い表現は避け、まずは、**日常的に何気なく使っている日本語を、できるだけ簡単な英語に置き換える**練習をしてみましょう。英語は定型の表現がありますので、それらを覚えていくことも、英会話上達の早道の一つです。頭の中にある日本語（または、言いたいと思い浮かべているイメージ）を少しでも英語で言えるようになれば、英会話は本当に楽しくなります！　そして、気付かないうちに話せる英語が身に付いていきます。

目指せ！民間外交官

外国人との
コミュニケーション力を高め

英会話
ミニ検定

100問

音声ダウンロード付

日本人必須の
英会話表現500

×5

山崎祐一

Jリサーチ出版

英 会
ミニ

発想を転換しよう

日本語と英語では、それぞれの言語が話される文化が異なるので、言葉を使うときの発想のしかたも当然異なってきます。例えば、日本語では「犬猿の仲」と、「犬」と「猿」を使いますが、英語では cats and dogs と「猫」と「犬」で表します。また、日本語では「ストレスが溜まる」と言いますが、英語では「自分がたくさんのストレスの下にいる（under a lot of stress）」と、ストレスに押しつぶされている状況をイメージします。**英語の発想に慣れる**こともまた、英会話上達の秘訣です。

間違いを恐れずに

英語は外国語です。文法や発音など、間違えるのは当たり前です。正確に覚えていなくても、**間違いを恐れずに**、思い切って使ってみましょう。**英語は覚えてから話すのではなく、使いながら習得するもの**です。だから間違ってもがっかりすることは全くありません。ゆっくり、少しずつです。**英語学習に年齢は関係ありません！**　本書を使って、これまで話せなかった英語が、思わず口から出てくるようになる体験をしてほしいと思います。

山崎 祐一

目次

本書の使い方

- 1回100問のテストが5回あり、それぞれ別のテーマを立てています。
- 1回のテストは「10問（1ユニット）×10」で構成されます。
- 1ユニットは、最初の見開きで5問、次の見開きで5問、計4ページです。

- 音声のトラック番号です。
- メインのフレーズには音声が付いています。日本語→英語と繰り返し学習ができます。

※ダウンロード方法はp.8をご覧ください。

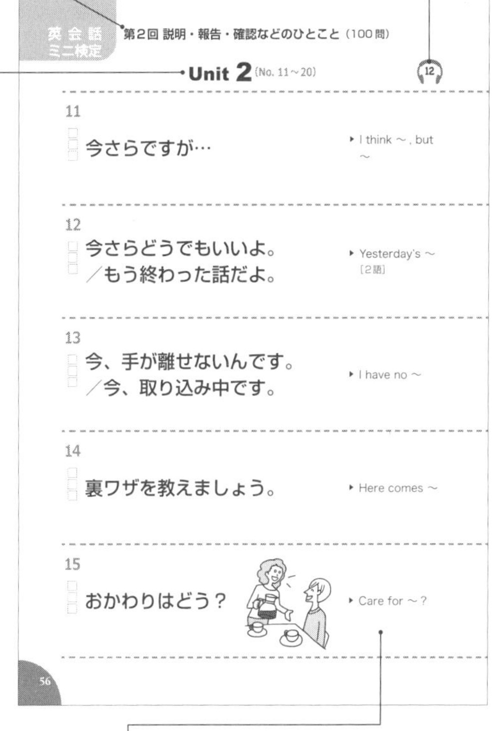

英会話
ミニ検定
第2回 説明・報告・確認などのひとこと（100問）
Unit 2（No. 11～20）
12
11
今さらですが…
▸ I think ～, but ～
12
今さらどうでもいいよ。／もう終わった話だよ。
▸ Yesterday's ～［2語］
13
今、手が離せないんです。／今、取り込み中です。
▸ I have no ～
14
裏ワザを教えましょう。
▸ Here comes ～
15
おかわりはどう？
▸ Care for ～？
56

- 表現のヒントです。文頭や表現の型のほか、使う語句（カッコに入れる）、語数などを示します。なお、it'sなどの短縮形は1語で数えます。
- 会話の場面や人物などについて条件づけをして、（　）で示します。

● 1ユニット（10 問）ごとに得点欄を設けています。正解・不正解は、自己採点で判定していただきます。巻末の「評価用シート」で得点を合計して評価ランクを確認します（➡p.226）。

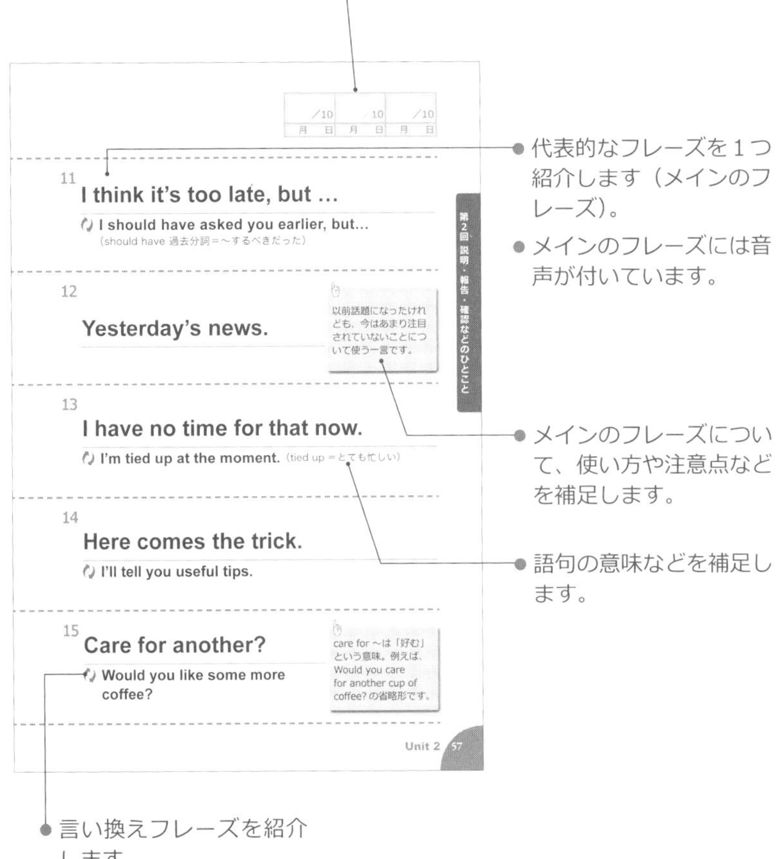

● 代表的なフレーズを１つ紹介します（メインのフレーズ）。

● メインのフレーズには音声が付いています。

● メインのフレーズについて、使い方や注意点などを補足します。

● 語句の意味などを補足します。

● 言い換えフレーズを紹介します。

音声DLの案内

STEP 1 **音声ダウンロード用のサイトにアクセス！**

QRコードを読み取るか、URLを直接入力

STEP 2 **表示されたページから、
audiobook.jpへの登録ページに進み、会員登録する**

(1)「audiobook.jpに会員登録（無料)」をクリック

※音声のダウンロードには、audiobook.jpへの会員登録（無料）が必要です。

(2) 登録ページでメールアドレス・パスワード
（英数字の8ケタ以上）・名前・生年月日・性別を入力

▶ 規約を読む

▶「確認」をクリック

▶ 登録完了

STEP 3 **「ご登録が完了しました」のページから
ダウンロードのページに戻る**

「ダウンロードページ」をクリックして、表示されたページの
「シリアルコードをご入力ください」の下の欄に「**25120**」を
入力して「送信」をクリックする

STEP 4 **音声をダウンロードする**

「無料でオーディオブックを受け取る」をクリック

▶「本棚で確認する」をクリック

▶「ダウンロード」をクリック（「全体版」をダウンロード）

※PCの場合は、「本棚」から音声をダウンロードしてください。
スマートフォンの場合は、アプリの案内が出ますので、アプリからご利用ください。

ご注意！

- PCからでも、iPhoneやAndroidのスマートフォンやタブレットからでも音声を再生していただけます。
- 音声は何度でもダウンロード・再生していただくことができます。
- ダウンロード・アプリについてのお問い合わせ先：
  info@febe.jp（受付時間：月～金曜日 10 ～ 20時）

※本サービスは予告なく変更・終了する場合があります。

英会話ミニ検定

第1回

挨拶と基本の応答のひとこと

（100問）

Unit 1 (No. 1～10)

1

□□□ 相変わらずです。 ▸ Same ～ ［3語］

2

□□□ あなたの言うとおりかも。 ▸ (right)

3

□□□ あなたもね。 ▸ The same ～

4

□□□ ありがとう、でも、結構です。 ▸ ～, but ～

5

□□□ いいですね。［提案に対して］ ▸ (good)

/10	/10	/10
月　日	月　日	月　日

1 **Same as usual.**

Same old same old.（親しい間柄で使う）
/Nothing new.（何も新しいことはない＝相変わらず）
/Things are pretty much the same.

2

You may be right.

3

The same to you.

You, too.

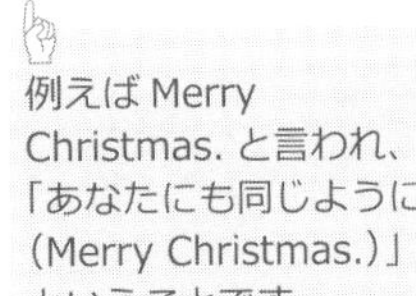
例えば Merry Christmas. と言われ、「あなたにも同じように（Merry Christmas.）」ということです。

4

Thank you, but no thank you.

ただ No thank you. と断るだけでなく、Thank you. を前に付け足すことで丁寧になります。

5

Sounds good.

Why not.（なぜダメなことがありましょうか＝もちろんいいです）
/That's nice.

Unit 1 (No. 1～10)

6

いえいえ、こちらこそ。 ▸ I should ～

7

いただきます。 ▸ Everything ～

8

いってきます。 ▸ (later)

9

いってらっしゃい。 ▸ Have ～

10

いつもお世話になっております。 ▸ I hope ～ (go well)

6
I should be the one thanking you.

Thank you.（you を強く発音する）

7
Everything looks delicious.

「料理してもらったものが全て美味しく見える」と、料理をほめる言い方です。

8
See you later.（じゃあね）

Bye.

9
Have a nice day.

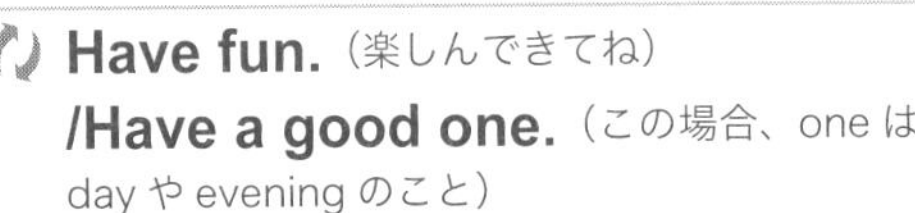

Have fun.（楽しんできてね）
/Have a good one.（この場合、one は day や evening のこと）

Drive carefully. や Have a safe trip.（旅行に行く人に）なども使います。

10
I hope everything's going well with you.

I hope you're doing well.
/I hope this email finds you well.

「あなたが全てうまくいっていることを望む」と、相手の生活や仕事の順調さについて言います。

Unit 2 (No. 11～20)

2

11

今のところ、順調です。 ▸ So ～ so ～

12

いまひとつよくわかりません。 ▸ I don't ～

13

いろいろありがとう。 ▸ Thank you ～

14

うそつけ！ ▸ (out of ～)

15

うれしそうだね。 ▸ (look)

11

So far, so good.

Everything's under control.（すべて上手くいっている）

12

I don't quite understand.

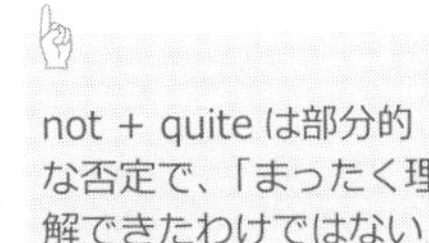

not + quite は部分的な否定で、「まったく理解できたわけではない」という意味になります。

13

Thank you for everything.

Thank you for your kindness.

14

Get out of here!

No way!（「冗談じゃない！」という意味でも使う）**/No kidding!**

「そんなことを言うなら、ここから出て行け！」というイメージです。

15

You look happy.

（look ＝～に見える）

Unit 2 (No. 11～20)

16

遠慮しときます。

▸ I'll ～

17

おかげさまで。

▸ I was ～

18

お気持ちだけいただいておきます。

▸ ～, but I appreciate ～

19

お気をつけて。

▸ (care)

20

お心遣いをありがとうございます。

▸ (concern)

16

I'll pass.

I'd rather not.（むしろしたくない）

「パスする」ということは「それをしない」、つまり「遠慮しとく」ということです。

17

I was just lucky.

I'm grateful to everyone who supported me. / Thanks to you.
（あなたのおかげです）

「運がよかっただけです」と謙遜（そん）して言う表現です。

18

No thank you, but I appreciate the thought.

（appreciate＝よさを認める・理解する、正しく評価する）

「考え（thought）に感謝する（appreciate）」という発想です。

19

Take care.

Watch out!（身の危険を教えてあげるとき）

20

Thank you for your concern.

Unit 3（No. 21～30）

21

□□□ お言葉に甘えて。

▸ I'll ～ (take up)

22

□□□ お先にどうぞ。

▸ (you)

23

□□□ お上手ですね。[口が]

▸ (kind)

24

□□□ 恐れ入ります。

▸ (appreciate)

25

□□□ お互い様ですよ。（持ちつ持たれつで）

▸ We ～ [4語]

21

I'll take you up on that.

If you insist.（そこまでおっしゃるなら）

on の後ろに your kind offer を付けると、「親切な申し出に甘える」ということです。

22

After you.

Go ahead.

「私はあなたのあとに行きます」、つまり「お先にどうぞ」ということです。

23

You're too kind.

You flatter me.（flatter＝お世辞を言う）
/Thank you for the compliment.（compliment＝ほめ言葉）
/You're just saying that.

24

I really appreciate it.

Much appreciated.

「恐れ入りますが、もう少々お待ちください。」は I'm sorry, but please wait for a few more minutes.

25

We help each other.

Unit 3（No. 21～30）

26
お話できてよかったです。
▶ It was ～

27
お待ちして
おりました。
▶ I've been ～

28
お役に立てば幸いです。
▶ Hope ～［3語］

29
恩に着ます。
▶ I owe ～

30
かもね。
▶（be）［2語］

26

It was nice talking with you.

It was nice meeting you. は「初対面の人と別れるとき」に使います。

27

I've been expecting you.

I've been waiting for you.（相手が遅れて来たとき）

28

Hope this helps.

Hope you'll like it.（気に入っていただけると幸いです）

29

I owe you one.

owe は「負っている」「～のおかげだ」という意味です。

30

Could be.

It could be. が短くなったもので、could は can の過去形ですが、「かもしれない」という意味でもあります。

Unit 4（No. 31～40）

31

□□□ 聞いてる？［電話で］　▸ Are you ～？

32

□□□ 気に入ってもらえてよかったです。　▸ I'm glad ～

33

□□□ 気のせいだよ。　▸ It's just ～

34

□□□ 今日はすごく楽しかったです！　▸ I had ～

35

□□□ 今日は蒸し暑いですね。　▸ It's so ～

31

Are you there?

電話で、質問に対して何も返答がないときに使います。「そこにいるの？」、つまり「聞いてる？」ということです。

32

I'm glad you liked it.

33

It's just your imagination.

34

I had a lot of fun today!

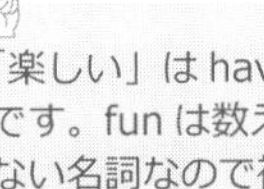

「楽しい」は have fun です。fun は数えられない名詞なので複数の s を付けないようにしましょう。

35

It's so hot and humid today.

It's (kind of) muggy today, (isn't it?)

「蒸し暑い」は hot and humid（暑くて湿気がある）です。muggy という単語もあります。

Unit 4 (No. 31～40)

36

くつろいでください。

▸ Sit ～ and ～

37

健康第一ですよ。

▸ Health ～

38

ご謙遜(そん)を。

▸ You're ～

39

ご冗談を。

[そのまま受け入れにくいことを相手が言ったとき]

▸ You must ～

40

ご親切にどうも。
／恐縮です。

▸ That's very ～

36

Sit back and relax.

Make yourself at home.

37

Health comes first.

Nothing is more important than health.

38

You're being too modest.

You really are.
（You are excellent. のニュアンス）

modest =「謙虚な」。「あなたは謙虚になり過ぎている」と発想します。

39

You must be kidding.

You're kidding me, right?
/That's not what you really think.
（心にもないことを）

must be =「～するに違いない」。「あなたは冗談を言っているに違いない」と捉えます。

40

That's very kind of you.

Oh, you shouldn't have.
/You didn't have to do that.
（いずれも「そうなさらなくてもよかったのに」）

Unit 5（No. 41～50）

41
□□□ ご多用の中、ありがとうございます。［面談などの訪問時］

▸ Thank you for ～ (precious time)

42
□□□ ごちそうさまでした。

▸ Thank you ～

43
□□□ こちらへどうぞ。
［場所や方向を指し示す］

▸ ～ , please.

44
□□□ ５年ぶりですね。

▸ It's ～ five years.

45
□□□ ご無沙汰しております。

▸ It's been ～

／10	／10	／10
月　日	月　日	月　日

41 **Thank you for taking your precious time for us.**

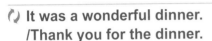

Thank you for your time. I know you have a busy schedule.

precious =「貴重な」。貴重な時間を割いてくれたことに対して、お礼を言います。

42 **Thank you for the wonderful dinner.**

It was a wonderful dinner. /Thank you for the dinner.

料理を作ってくれた人に対してお礼を言います。

43 **This way, please.**

It's this way.

「こちら」は this way、「あちら」は that way です。

44 **It's the first time in five years.**

「5年の中では（in five years）初めて（the first time）」とイメージします。

45 **It's been a long time.**

Long time no see.

「最後に会って以来、長い時間が経ちますね」という発想です。

Unit 5（No. 41～50）

46

□□□ 困ったことがあったらいつでも言ってください。

▸ Please ～ if you ～.

47

□□□ ごめん、今はちょっとだめ。

▸ Sorry, now is ～

48

□□□ ごもっともです。

▸ (totally)［3語］

49

□□□ これ、どうぞ。
［ギフト］

▸ This is ～

50

□□□ さあ、行きますよ。／さあ、やりましょう。

▸ Here ～

46

Please let me know if you have any trouble.

「何か手助けが必要だったら」という発想です。

47

Sorry, now is not a good time.

Now is the time.（やるなら今だ）

48

I totally agree.

Exactly. / You're absolutely right. / That's true.

49

This is for you.

50

Here we go.

何かを始める前に言うひとことです。

Unit 6（No. 51～60）

51

□□□ 残念だけど、そうじゃないと思うよ。

▶ I'm ～［4語］

52

□□□ 仕事はどう？

▶ How's ～

53

□□□ 失礼しました。
［用件が済んで立ち去るとき］

▶ Thank you ～

54

□□□ 失礼します。
［部屋に入るとき］

▶ I'm sorry ～

55

□□□ 全然 OK です。／全然大丈夫です。

▶ No ～

51

I'm afraid not.

I'm afraid ～ . は「残念ながら～だと思う」という意味です。
I don't think so. とも言えます。

52

How's business going?

53

Thank you for your time.

54

I'm sorry to bother you.

Good to see you. / I'm sorry for interrupting you (your work).

bother = 「邪魔をする」。ドアの前で May I come in? と大きい声では言いません。

55

No problem.

Don't worry about it. / No worries.

Unit 6 (No. 51～60)

56

そうしていただけると有難いです。

▸ I'd ～ if you ～

57

そうですね…

▸ Let ～

58

そうでもないです。

▸ Not ～

59

その言葉そのままお返しします。

▸ ～ at you.
［4語］

60

それが何か？

▸ What ～？
［3語］

56 I'd appreciate it if you could.

That'd be nice. (That'd = That would)

I'd = I would。
appreciate ～ =「～に感謝する」

57 Let me see…

Let's see…

58 Not quite.

Not exactly.

「まったくそうだというわけではない」という部分的な否定です。

59 Right back at you.

That's exactly what I want to say to you. /I'm not as good as you are.

ほめられた言葉を「あなたに (at you) そのまま返す (right back)」ということです。

60 What about it?

So what? (だから何？)
/Any problem? (何か問題でも？)

「それについて (about it) 何が (what) あるのですか」というイメージです。

Unit 7（No. 61～70）

7

61

□□□ それは困りましたね。 ▸ Oh, ～

62

□□□ そんなの当たり前だよ！ ▸ That's just ～

63

□□□ そんなばかな！ ▸ No ～ !

64

□□□ たいしたことないよ。 ▸ It's not ～

65

□□□ ただいま。 ▸ I'm ～

61

Oh, that's a problem!

We're in trouble.

62

That's just common sense!

That's just logic.（それが筋でしょう）

63

No way!

Impossible! / Can't be!
（ありえない！）

「絶対イヤだ」という意味で使います。

64

It's not a big deal.

No big deal.

単に Big deal. と言って、「大したことない」と反対の意味で使うこともあります。

65

I'm home.

Hi!

Unit 7 (No. 61～70)

66

たとえば？

▸ ～ what?

67

楽しんでね！

▸ Have ～！［4語］

68

楽しんでますか。

▸ Are you ～？

69

調子はどう？

▸ How ～？
(you)

70

ちょっと聞きたいことがあります。

▸ There's ～
(ask)

66

Like what?

Like what? は「何のような」、つまり「例えばどのような？」ということです。

67

Have a good time!

Have fun!

68

Are you enjoying yourself?

69

How are you doing?

How's it going? / H

How are you? の少しくだけた言い方です。

70

There's something I want to ask you.

I have a question for you.

手短に済む質問ならば、I have a quick question. とも言えます。

Unit 8（No. 71～80）

71
□□□ つまらないものですが。

▸ Here's ～

72
□□□ どういうご用件ですか。

▸ What ～？［6語］（do）

73
□□□ どうしたの？

▸ What's ～？［2語］

74
□□□ どうぞ。［物を手渡すとき］

▸ Here ～［3語］

75
□□□ どうぞ、おかまいなく。

▸ Please ～［3語］

71

Here's a little something for you.

This is for you. / I hope you like it.
/ This is a small token of my appreciation.

72

What can I do for you?

May I help you? / What can I help you with?

73

What's wrong?

What's the matter?

What's wrong with you?（君はどうしちゃったの？）と言うこともできます。

74

Here you are.

Here you go./ Here it is.

75

Please don't bother.

I'm just fine.（私は大丈夫＝いいえ、結構です）

Unit 8（No. 71～80）

76

とおっしゃいますと？

▸ I'm sorry, I ～ (get)

77

どおりで。

▸ No ～［2語］

78

とんでもないです。

▸ Not ～［3語］

79

なるほど。

▸ That ～［3語］

80

なんでそうなるの？

▸ Where did you ～？

76 **I'm sorry, I didn't quite get it.**

What do you mean by that?

「あなたが言ったこと（it）を頭の中に全くゲットしたわけではない」、つまり「詳しく説明してほしい」ということです。

77

No wonder.

「そのことに関しては不思議（wonder）はない」という捉え方です。

78

Not at all.

My pleasure.（どういたしまして）

お礼を言われたときに、謙虚に返すひとことです。

79

That explains it.

That makes sense.

「あなたが言ったことはそれそのものを説明している」、つまり「言っていることがよく分かる」ということです。

80

Where did you get that idea?

Unit 9（No. 81～90）

81

似合いますね。

▶ It looks ～［5語］

82

早ければ、早いほどいいです。

▶（sooner）［4語］

83

平たく言えば。

▶（put）［2語］

84

勉強になります。

▶（something new）［4語］

85

ほらね！

▶ ～！［1語］

81

It looks good on you.

It suits you (well).

82

The sooner, the better.

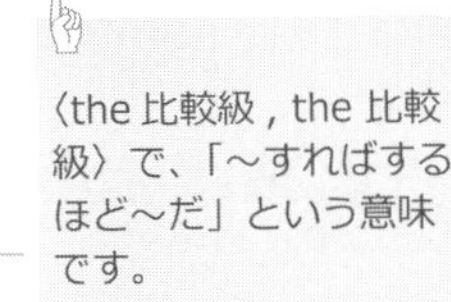

〈the 比較級 , the 比較級〉で、「～すればするほど～だ」という意味です。

83

Simply put, ...

84

I learned something new.

I learn a lot from you.

85

See!

「ほら、見てごらん！」と相手に行動の戒めを促すひとことです。

Unit 9（No. 81～90）

86

□□□ まあ、いいけど。

▸ It doesn't ～［4語］

87

□□□ まあ、そうおっしゃらずに。

▸ Oh, ～［3語］

88

□□□ まさか！

▸ ～ be!［2語］

89

□□□ まじか～！

▸ Oh ～！［3語］

90

□□□ また誘ってください。

▸ Can I take ～？

86

It doesn't matter anyway.

I don't care.（どうでもいい）

matter =「問題である」。「それは（it）どのみち（anyway）問題ではない」と発想します。

87

Oh, come on.

Come on. は相手に行動を促すひとことでもあります。

88

Can't be!

Impossible!

can't be は「あり得ない」という意味で、予想外のことが起きたときに言うひとことです。

89

Oh my goodness!

Oh my gosh. / Oh, boy. / Oh, no. / Are you serious? / Seriously?

Oh, my god!（大変だ！）の間接的な表現です。

90

Can I take a rain check?

都合が悪くて誘いに応じられないときに使います。

Unit 10 (No. 91～100)

91
間違いない。
▸ No ～［4語］

92
もちろんです！
▸ ～！［1語］

93
やあ、こんにちは。
▸ Hello ～［2語］

94 よかったです。
／それはよかった。
／よかったですね。
［伝聞情報を聞いて］
▸ I'm glad ～［5語］

95
よく言うよ。
▸ Look ～

91

No doubt about it.

「それについて（about it）疑いはない（no doubt）」という発想です。

92

Absolutely!

Definitely!

相手の発言内容や誘いに対して、全部積極的に肯定するときに使います。

93

Hello there.

Hi, there.

94

I'm glad to hear that.

I'm so happy for you.

英語では「それを聞いて嬉しい」と直接表現します。

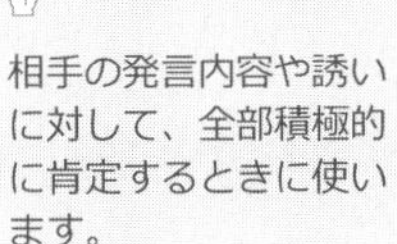

95

Look who's talking.

Unit 10 (No. 91～100)

96

喜んで。

▶ I'd be ～［4語］

97

よろしくお願いします。

▶ Thank you for ～［7語］

98

了解です。

▶ ～ it.［2語］

99

連絡してね。
／これからも連絡してください。

▶ Keep ～［3語］

100

私について来てください。
［先導して案内］

▶ ～, please.［3語］

96

I'd be happy to.

Be glad to.（I'd の省略）

97

Thank you for your understanding and cooperation.

「ご理解とご協力をありがとうございます」と、お願いする内容をはっきり言います。

98

Got it.

Copy that.（複写するくらい完璧に理解できた）
/Sure thing. /Fair enough.

99

Keep in touch.

Thank you for your continued support.（引き続きよろしくお願いします）

keep in touch は「接触（touch）を持続させる（keep）」、つまり「連絡を取る」ということです。

100

Follow me, please.

挨拶はいつも笑顔で

挨拶はコミュニケーションの基本です。英語圏では握手が一般的でお辞儀はしないので、目の前にはいつも相手の顔が見えています。ということは、挨拶のときはかしこまった表情は避け、絶えず笑顔です。日本人はお辞儀をするとき、たいてい笑顔はつくりません。お辞儀をしたら地面が見えているわけで、地面を見ながら笑顔をつくってもしょうがないですよね。英語で挨拶表現をたくさん知っていても、笑顔がなければ心地よい英会話はできません。英語で話すときはぺこぺこ頭を下げず、日本語で話すときよりもリラックスして、笑顔で堂々と胸を張りましょう。

挨拶でいちばん一般的な表現が How are you? です。ちょっと親しくなれば How are you doing? と後ろに doing を付けます。ほかにも How’s everything? や少しくだけた言い方で How’s it going? などがあります。これらには Good. や Great. で答えます。

また、What で始める挨拶文もあります。例えば、What’s new?（何か新しいことあった？）。親しい間柄の人に対しては What’s up? や What’s going on? なども OK です。これらには、Nothing. / Nothing much. / Not much. で答えましょう。

英会話ミニ検定

第2回

説明・報告・確認などのひとこと

（100問）

Unit 1（No. 1～10）

1

□□□ あっという間でした。 ▸ Time ～

2

□□□ あとどれくらい時間がありますか。 ▸ How much ～？

3

□□□ あなた次第です。 ▸ It's ～

4

□□□ あのね。 ▸［1語］

5

□□□ ありえないよ。 ▸ I can't ～

1

Time just flew.

「時間が飛ぶように早く過ぎ去っていった」とイメージします。

Time flies when you're having fun.

2

How much time do we have left?

left は leave の過去分詞。「残されている」という意味です。

3

It's up to you.

You name it.（あなたが決めて）

4

Look.

若干いら立ちを示すときによく使います。Look! と強調して言うと「見て見て！」という意味にもなります。

5

I can't believe it!

Unit 1（No. 1～10）

6

家でのんびりしました。 ▸（take easy）

7

行き詰まってます。 ▸（stuck）［2語］

8

以上です。 ▸ That's ～［2語］

9

今、いっぱいいっぱいなんです。［仕事で］ ▸ I'm ～ with ～

10

今、このドラマにハマってるんです。 ▸ I'm ～ into ～

6

I took it easy at home.

I just stayed home.

7

I'm stuck.

stuck は車がぬかるみで動けなくなったようなときにも使えます。

8

That's all.

That's it.

9

I'm overwhelmed with my work.

I'm swamped with my work.
(swamp =「沈める」→「動けなくする」)

10

I'm really into this drama now.

I'm addicted to this drama.
(addicted =「中毒になっている」)

into は「中に（入り込んでいる）」、つまり「夢中になって抜け出せない」ということです。

Unit 2 (No. 11～20)

11
今さらですが…
▸ I think ～, but ～

12
今さらどうでもいいよ。／もう終わった話だよ。
▸ Yesterday's ～ ［2語］

13
今、手が離せないんです。／今、取り込み中です。
▸ I have no ～

14
裏ワザを教えましょう。
▸ Here comes ～

15
おかわりはどう？

▸ Care for ～?

11
I think it's too late, but …

I should have asked you earlier, but…
(should have 過去分詞＝〜するべきだった)

12
Yesterday's news.

以前話題になったけれども、今はあまり注目されていないことについて使う一言です。

13
I have no time for that now.

I'm tied up at the moment. (tied up ＝とても忙しい)

14
Here comes the trick.

I'll tell you useful tips.

15
Care for another?

Would you like some more coffee?

care for 〜は「好む」という意味。例えば、Would you care for another cup of coffee? の省略形です。

Unit 2 (No. 11～20)

16

□□□ お騒がせしました。 ▸ I'm sorry for ～

17

□□□ 思い切って買いました。 ▸ (decide to buy)

18

□□□ 終わった？ ▸ Are you ～？

19

□□□ 買いかぶりですよ。 ▸ (overestimate)

20

□□□ 彼に逆ギレされた。 ▸ He ～ at me.

16

I'm sorry for the trouble.

17

I finally decided to buy it.

I finally bought it. / I couldn't resist it.

18

Are you done?

Are you finished?

日本語では「終わった？」と過去形ですが、英語では「今終わっている状態？」と発想し現在形です。

19

You overestimate me.

I'm not that good. / I'm not as good as you think I am.

overestimate は「過剰評価する」という意味です。「ナメている」は underestimate と言えます。

20

He snapped back at me.

snap は「パキッと音を立てて折れる」という意味です。突然態度を変えて言い返すイメージです。

Unit 3（No. 21～30）

13

21

□□□ きりがないよ。

▸ There's no ～
［5語］

22

□□□ 靴のひもがほどけてますよ。

▸ Your shoelaces ～

23

□□□ 誤解を与えてしまったのなら
すみません。

▸ I'm sorry if I ～

24

□□□ ここ（のど）まで出かかって
るんだけど。

▸ It's on ～

25

□□□ これってどういうこと？
／え？ 何これ？［戸惑い］

▸ Is this ～？
(joke)

21
There's no ending to it.

The list goes on.（リストの項目がどんどん続くイメージ）

22
Your shoelaces are untied.

23
I'm sorry if I caused a misunderstanding.

I'm sorry if I misled you.
（mislead ＝「間違った方向に導く」）

cause は「引き起こす」。「誤解を与える」「誤解を招く」は、英語では「誤解を引き起こす」と言います。

24
It's on the tip of my tongue.

日本語では「のど」ですが、英語では「舌の先」と言います。 ▶ p.195 the tip of the iceburg 参照

25
Is this some kind of joke?

I don't get it. / I don't understand.
（わけがわからない）

「これ何かの冗談？」という発想です。

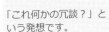

Unit 3（No. 21～30）

26

これはいかがですか。

▸ (this one)

27

これは英語でなんていいますか。

▸ How do you ～?

28

これをください。／これにします。

［買い物］

▸ I'll ～

29

先に行ってて。すぐ追いつくから。

▸ Go ～. I'll ～

30

自腹だよ。

▸ I paid ～ (out of one's ～)

26

How about this one?

How about ～？は「～はどうですか」と相手に何かを勧めるときに使います。

27

How do you say this in English?

What is this called in English?

28

I'll take this.

Can I have this?

29

Go ahead. I'll catch up soon.

catch up は「追いつく」、keep up は「遅れないようについていく」という意味です。

I'll be right behind you.

30

I paid out of my own pocket.

「自分のポケットから支払った」、つまり「手持ちのお金で支払った」ということです。

Unit 4（No. 31～40）

31

写真、撮りましょうか。

▶ Would you like ～?

32

シャツが出てますよ。

▶ Your shirt is ～

33

すぐ戻るね。

▶ I'll ～

34

すみません。今、ちょっとテンパってるんです。

▶ Sorry, I'm ～

35

すみません、そこは私の席なんですが…。

▶ Excuse me, but ～

31 **Would you like me to take your picture?**

Shall I take your picture?

Would you like me to ～？は「私に～してほしいですか」、つまり「～しましょうか」という意味です。

32 **Your shirt is not tucked in.**

Tuck in your shirt.（シャツを入れなさい）

33 **I'll be back soon.**

I'll be right back.

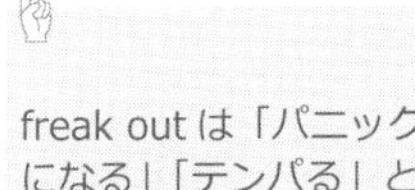

34 **Sorry, I'm freaking out now.**

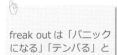

Sorry, I'm in panic now.

freak out は「パニックになる」「テンパる」という意味です。

35 **Excuse me, but I think that is my seat.**

Excuse me, but I believe that is my seat.

Unit 4 (No. 31～40)

36

すみません、電話が遠いんですが。

▸ Sorry, I can't ～

37

すみません、バッグを忘れてますよ。

▸ Excuse me, you ～

38

すみません、余計なことを言いました。

▸ Sorry, I said ～

39

世間は狭いね。

▸ It's ～ [4語]

40

それって、あるあるですよね。

▸ That happens ～

36

Sorry, I can't hear you well.

I can bearly hear you.（ほとんど聞こえない）

37

Excuse me, you forgot your bag.

38 **Sorry, I said unnecessary things.**

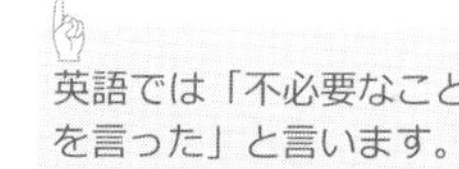

英語では「不必要なことを言った」と言います。

I'm sorry. I said too much.
/ That's none of my business.（自分が口出すことではない）

39

It's a small world!

40

That happens all the time.

Unit 5（No. 41～50）

41

□□□ それで思い出しました。 ▸ That ～［3語］

42

□□□ それはどうかな。 ▸ I ～［3語］

43

□□□ それは根も葉もない噂です。 ▸ That's ～［4語］

44

□□□ それは初耳です。 ▸ That's ～［3語］

45

□□□ それはまだわかりません。／まだどうなるかわかりません。 ▸ You ～［3語］

41
That reminds me.

Thank you for reminding me.
（思い出させてくれてありがとう）

remind は「思い出させる」という意味です。英語では「何かが自分に思い出させてくれる」と発想します。

42
I doubt it.

doubt は「疑う」という意味です。「私はそれを疑う」、つまり「それは疑問だ」ということです。

43
That's a groundless rumor.

That's unfounded gossip.
（unfounded ＝事実無根の）

groundless は「根拠のない」という意味です。

44
That's unheard of.

That's news to me.

45
You never know.

Unit 5（No. 41～50）

46

□□□ それは問題じゃないです。／それは関係ありません。

▶（matter）［3語］

47

□□□ そろそろ行きましょうか。

▶ Shall we ～？

48

□□□ そんなつもりじゃないです。

▶ I don't ～［4語］

49

□□□ そんなはずないです。

▶ That can't ～

50

□□□ 大丈夫ですか。

▶ Are ～［3語］

46

It doesn't matter.

I don't care.（どうでもいいです）

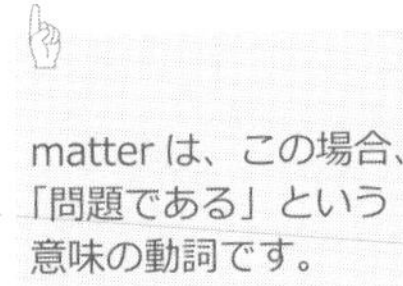

matter は、この場合、
「問題である」という
意味の動詞です。

47

Shall we get going?

Shall we go?

48

I don't mean it.

「それを意味しない」、つまり「それが言いたいことではない」ということです。

49

That can't be right.

50

Are you OK?

Is everything all right?

Unit 6 (No. 51～60)

51

だいたいわかりました。 ▸ I ～ most ～

52

ちなみに（一応言っておくけど） ▸［3語］

53

注文、決まった？

▸ Are you ～

54

ちょっといいですか。 ▸［2語］

55

ちょっと考えがあります。 ▸ I have ～

51
I understood most of it.

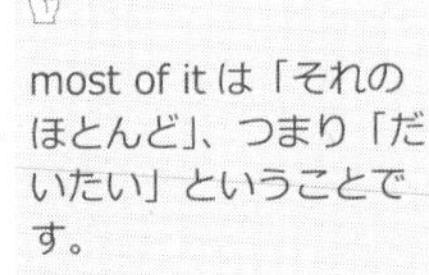

most of it は「それのほとんど」、つまり「だいたい」ということです。

I understood you pretty well.
(pretty well ＝かなりよく)

52 **By the way...**

Just to tell you…
/ for your information（一応、情報として）

53
Are you ready to order?

May I take your order?（お店の人が注文をとるときに使う）

54
May I ?

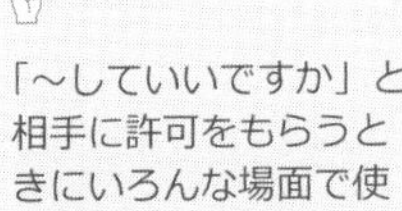

「～していいですか」と相手に許可をもらうときにいろんな場面で使えます。

55
I have something in mind.

I have an idea.

Unit 6 (No. 51～60)

56

□□□ ちょっとトイレに行ってきます。

▸ I need ～ ［4語］

57

□□□ ちょっと微妙。

▸ I'm not ～ ［5語］

58

□□□ ちょっと待ってください。

▸ Just a ～

59

□□□ ちょっと用事ができちゃって。

▸ Something ～ ［3語］

60

□□□ 手ぶらでいいよ。

▸ Just ～ ［3語］

56

I need a restroom.

I gotta go to the bathroom.
(gotta は have to の口語表現)

文頭に Escuse me. を付けるとより丁寧です。

57

I'm not quite sure.

誘いを断ったり、見解を否定したりするときに使えるやんわりとした表現です。

58

Just a minute, please.

Just a second. / One moment.

電話で「少々お待ちください」という意味でも使えます。

59

Something came up.

60

Just bring yourself.

パーティーに招待するときに、何も持ってこなくていいことを伝えるひと言です。

Unit 7 (No. 61～70)

61
電波の調子が悪いんだけど。
▶ It seems we ～ (connection)

62
どうにもならない。
▶ I have no ～ [5語]

63
どうやって時間つぶす？ [私たち]
▶ How do we ～? [5語]

64
どちら様ですか。[電話]
▶ May I ask ～?

65
飛ぶように売れています。／バカ売れしています。
▶ They are selling ～

61

It seems we have a bad connection.

62

I have no way out.

There's nothing we can do about it.

way out は「出口」という意味。「出口がない」、つまり「どうにもならない」ということです。

63

How do we kill time?

64

May I ask who's calling?

Who's calling, please?

65

They are selling like hotcakes.

They're flying off the shelves.
（棚から商品が飛んでいくイメージ）

Unit 7 (No. 61～70)

66

トントン拍子に話が進んでいきました。

▶ Everything went ～［4語］

67

なきにしもあらずだね。

▶ It's ～［3語］

68

何があったの？／どうしたの？

▶ What ～？［2語］

69

何か手伝いましょうか。

▶ Do you ～？［4語］

70

何か臭うな。

▶ There's something ～［5語］

66 **Everything went so smoothly.**

Everything went off without a hitch. （without a hitch ＝滞りなく）

smoothly は「円滑に」、つまり「とんとん拍子に」という意味で使います。

67 **It's not impossible.**

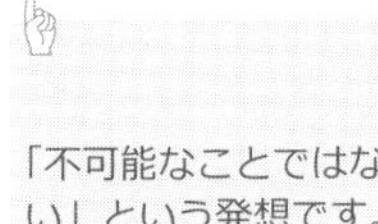

「不可能なことではない」という発想です。

68 **What happened?**

Did something happen? （何かあった？）

69 **Do you need help?**

What can I help you with?

70 **There's something fishy going on.**

fishy（怪しい）の代わりに、suspicious（疑わしい）や funny（おかしい、奇妙な）を使うこともできます。

Unit 8 (No. 71～80)

71
□□□ 日課なんです。 ▸ It's my ～

72
□□□ 念のためです。 ▸ Just ～［3語］

73
□□□ 場違いな気がする。 ▸ I feel ～

74
□□□ はっきりしたことはわかりません。 ▸ I'm not ～［4語］

75
□□□ 話が違います。 ▸ That's not what ～

71

It's my daily routine.

72

Just in case.

in case of fire（火事の場合には） / in case of emergency（緊急の場合には）

caseは「場合」という意味で、「万一の場合に備えて」というイメージで使います。

73

I feel out of place.

「場違い」は「その場所から外に出ている気がする」と捉えます。

74

I'm not exactly sure.

I don't know for sure.

75

That's not what you told me.

That's different from what I heard.

「それはあなたが言ったことではない」と考えます。

Unit 8 (No. 71～80)

76

話、盛ってません？

▸ You're ～, aren't you?

77

早とちりしないで。／早合点しないで。

▸ Don't ～ to ～

78

人ごとじゃないです。

▸ It could happen to ～

79

人違いです。［私じゃないです］

▸ I'm afraid you got ～

80

一人でできる？

▸ Can you ～？［3語］

76

You're exaggerating the story, aren't you?

「話を盛る」ということは、「大げさに言う(exaggerate)」と捉えます。

77

Don't jump to conclusions.

結論 (conclusions) に飛びつく (jump)、つまり「一足飛びに結論を出す」ということです。

78 **It could happen to any one of us.**

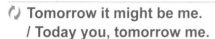

Tomorrow it might be me.
/ Today you, tomorrow me.

「私たちの誰にでも起こるかもしれない」と表現します。

79 **I'm afraid you got the wrong person.**

I think you've mistaken me for someone else.

こちらが人違いをしてしまった場合は、I thought you were someone else. です。

80

Can you manage?

Can you do it by yourself?

manage は「何とかやっていく」「どうにかする」という意味です。

第2回 説明・報告・確認などのひとこと

Unit 9 (No. 81～90)

81

ほかに誰かいますか。 ▶ ［2語］

82

本当だって。 ▶ I swear ～ ［4語］

83

ほんのわずかです。／微々たるものです。 ▶ That's a ～

84

まあ、いろいろあってさ。 ▶ It's ～ ［4語］

85

また始まったよ。［彼］ ▶ There he ～ ［4語］

81

Anybody else?

他に意見がないかを尋ねたり、行動を促したりするときに使います。

82

I swear to God.

swear は「誓う」という意味です。「神に誓って（本当だ）」と表現します。

83

That's a drop in the bucket.

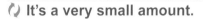

It's a very small amount.

「バケツに 1 滴」と言うことで少量を表します。

84

It's a long story.

So, bear with me.（我慢して聞いてくれる？）
I'm all ears.（ちゃんと聞くから話してみて）

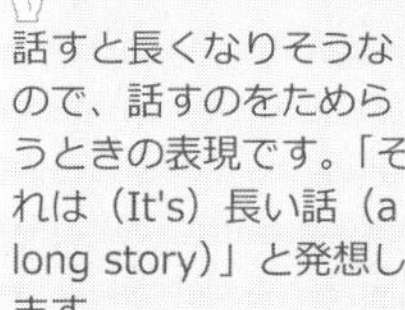

話すと長くなりそうなので、話すのをためらうときの表現です。「それは（It's）長い話（a long story）」と発想します。

85

There he goes again.

He's at it again.（at it ＝取り組む）

個性や癖が人をイライラさせるときに使う表現です。

Unit 9 (No. 81～90)

86

みんな、そうだよ。

▶ Everyone ～ [3語]

87

もう、お腹いっぱいです。

▶ I'm ～ [2語]

88

もう時間ないよ。

▶ Time's ～ [3語]

89

もうヒンシュクでした。

▶ They gave me ～

90

やっちまった！／やってしまった！

▶ I ～ [3語]

マガジンのご案内

…mill などの各種電子書店にて
…をお買い求めいただけます。

…読のご案内

…分(4000円+税)の年間定期購読には、
…立つ特典"があります!買い忘れるご心配もゼロです!

送料無料!  発売日にお届け

【弊社HP申込限定】
季節によっては
豪華特典つき

お申し込みはこちら!

●オンライン書店 ●弊社HP

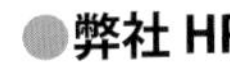

お問い合わせ

Jリサーチ出版

代表 TEL: 03-6808-8801 / FAX: 03-5364-5310

編集部 TEL: 03-6808-8806 / FAX: 03-3223-3455

〒166-0002 東京都杉並区高円寺北 2-29-14-705 HP https://www.jresearch.co.jp

世界と話そう! Hop Step Jump!

新ゼロからスタート Enjoy★英会話

出版案内

©SEIJI MATSUMOTO

Jリサーチ出版

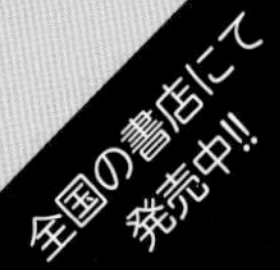

86

Everyone does it.

間違ったことをしたときに、「他の人たちもしているよ」と言い訳するときのひと言です。

87

I'm full.

I'm stuffed.（stuffed =「お腹が詰められている」）

88

Time's running out.

run out は「なくなる」という意味です。We are running out of time. とも言えます。

89

They gave me a dirty look.

People frowned at my behavior.（frown =顔をしかめる）/ They looked at me with disapproval.

90

I blew it!

I messed up! / I screwed up!

へまをしてチャンスを台無しにしてしまったときに使います。

第2回 説明・報告・確認などのひとこと

Unit 10 (No. 91～100)

91

やってみたら？

▸ Give it ～

92

やっぱりね。

▸ That's what ～ [4語]

93

夢にも思いませんでした。

▸ Never did I ～

94

用心に越したことはない。

▸ Better safe ～ [4語]

95

よくあることです。／そういうこともあるよ。

▸ That's ～ [2語]

/10	/10	/10
月　日	月　日	月　日

91

Give it a try.

92

That's what I thought.

Just as I thought.（思った通り）

93 **Never did I dream of such a thing.**

That's the last thing I expected.
（まったく予期しなかった）

Never did I 〜 . は「決して〜しなかった」と、しなかったことを強調する倒置法の表現です。

94

Better safe than sorry.

It's better to err on the side of causion.

「後悔する（sorry）よりも安全である（safe）ほうがいい」と発想します。

95

That's life.

That's the way it is.
/ It happens, you know.

「世の中（人生）ってそんなものだよ」「それが現実さ」と慰める表現です。

Unit 10 (No. 91～100)

96

□□□ よくやった！ ▸ Good ～ [3語]

97

□□□ らちがあかない。 ▸ We're ～ [3語]

98

□□□ 忘れ物はないですか。 ▸ Have you ～ ?

99

□□□ 私たちは蚊帳の外です。 ▸ We're ～

100

□□□ 私の勘違いでした。 ▸ I got ～ [4語]

96
Good for you!

人が何かを成し遂げたときに「よくやった！」「頑張ったね！」とほめてあげる表現です。

That's great! / Good job! / Way to go!

97
We're getting nowhere.

「どこにもたどり着けない」と発想します。

98
Have you got everything?

You have everything?（文頭に Do が省略）

99
We're out of the loop.

英語では「輪（loop）の外」と言います。

100
I got it wrong.

1語でも気持ちは伝わる

英会話では、Thanks.（ありがとう）や Sorry.（ごめん）のように、1語で気持ちが伝わる表現がたくさんあります。本書にある Look. もその1つです。もちろん、「見て」という意味でもありますが、「あのね」とか「いいかい？」のように、何か話し始める前に軽く付け足す表現です。「おっしゃる通りです」と 100 パーセント相手に同意する気持ちを表すときも、Exactly. と1語で言うことができます。

また、パーティーなどへの誘いに対して、「もちろん行くよ」と快くその誘いを受ける場合には、Definitely! と言うことができます。「たぶん行くよ」は Probably. や Maybe. という1語表現があります。これらは両方とも「たぶん」とよく訳されますが、Probably. は「十中八九」、Maybe. は「五分五分」という意味を含みます。Maybe. は「行くか行かないか分からない」、つまり前向きとは言えないので、あまりいい返事ではありませんね。

このように日本語では同じ一つの言葉で表すのに対して、英語では意味やニュアンスの異なる別の語で表す場合があるので、言葉のチョイスには配慮が必要です。（1～3語表現については拙著『世界一やさしい すぐに使える英会話 超ミニフレーズ 300』［J リサーチ出版］をご参照ください。）

英会話ミニ検定

第3回

気持ちや考えなどを表すひとこと

（100問）

Unit 1（No. 1～10）

1

明日、晴れるといいんだけど。 ▸ I hope ～

2

焦らないで。 ▸ Give ～

3

頭がおかしくなりそう。 ▸ It drives ～

4

頭がこんがらがってきた。 ▸ I'm

5

頭が真っ白になりました。 ▸ My mind ～

1

I hope the weather is good tomorrow.

It would be nice if it's sunny tomorrow.

2

Give it time.

Don't rush. / Take your time. (ゆっくりでいいですよ)

3

It drives me crazy.

(部屋の中でじっとしていると頭が変になる)

この場合、drive は「追い立てる」という意味です。「頭がおかしくなる状態に追いやる」ということです。

4

I'm totally confused.

I'm so confused.

5

My mind went blank.

I just blanked out.

My mind went blank before my speech. / I was so shocked my mind went blank. などのように使います。

Unit 1（No. 1～10）

6

あなたが決めて。
／○○さんが決めてよ。

▸ You ～［3語］

7

いい加減にして。
／勘弁してよ。

▸ Give me

8

いいから早くやって！

▸ Just ～

9

いいなあ。［羨ましい気持ち］

▸ ～ you.

10

胃が痛いよ。［心配事で］

▸ I feel ～

6

例えば、外食で相手の行きたい場所ならどこでもいいと言いたいときに使えます。

You name it.

You decide.

7

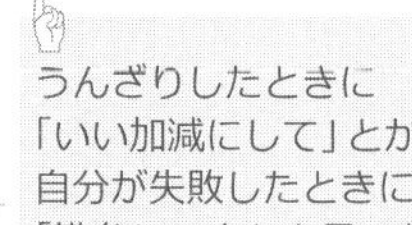

うんざりしたときに「いい加減にして」とか、自分が失敗したときに「勘弁してよ」と言いたいときに使えます。

Give me a break.

That's enough. / No kidding.

8

Just do it!

9

Lucky you.

I'm jealous.（うらやましい）

10

I feel stressed out.

I'm under a lot of stress.

Unit 2 (No. 11～20)

22

11
行かなきゃよかった。 ▸ (should have)

12
いつもすみません。［感謝の気持ちで］ ▸ Thank you ～

13
癒されるね。 ▸ It makes me ～

14
後ろめたい気持ちです。
／気がとがめます。 ▸ (guilty)

15
大きなお世話だよ。
／余計なお世話です。 ▸ That's (one's business)

11

I shouldn't have gone.

〈shouldn't have ＋過去分詞〉の形で「～しなければよかった」という意味です。

12

Thank you as always.

You're always so kind to me.

13

It makes me feel relaxed.

It heals my mind.

14

I feel guilty.

guilty は「有罪の」という意味です。「罪があるように感じる」という発想です。

15

That's none of your business.

誰かが自分、または他人のことに干渉している場合に注意するひとことです。

Unit 2 (No. 11～20)

16

落ち着いて。 ▸ Calm ～

17

お手柔らかに。 ▸ Go ～ ［4語］

18

同じものをください。［彼と］ ▸ Can I have ～？

19

からかわないでください。 ▸ Don't ～ ［3語］

20

かわいそうに。 ▸ Poor ～

16

Calm down.

Take it easy.

17

Go easy on me.

Please don't be too hard on me.

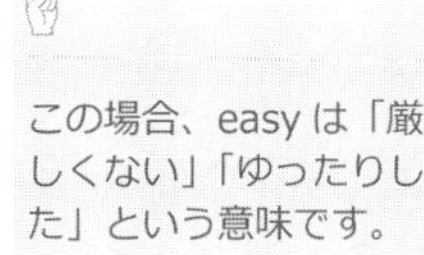
この場合、easy は「厳しくない」「ゆったりした」という意味です。

18

Can I have the same as him?

I'll have the same.

19

Don't tease me.

20

Poor thing.

第3回 気持ちや考えなどを表すひとこと

Unit 3 (No. 21～30)

21

□□□ 感謝してもしきれません。

▶ I can't ～［5語］

22

□□□ 勘違いしないでください。

▶ Please don't ～［5語］

23

□□□ 頑張って！

▶ Break ～［3語］

24

□□□ きっと気に入るよ。

▶ You'll ～

25

□□□ 気に入ってくれるといいんだけど。

▶ I hope ～［5語］

21 **I can't thank you enough.**

I really appreciate it.

「十分に感謝しきれない」、つまり「とても感謝している」ということです。

22

Please don't get me wrong.

23

Break a leg!

Good luck! / Go for it!

特に、演技やプレゼンをする前に、Good luck! と同じように使います。

24

You'll love it.

25

I hope you like it.

人にプレゼントをあげるとき、日本語では控えめな表現をしますが、英語では前向きな表現をします。

Unit 3 (No. 21～30)

26
気持ちがいいね。
▸ It ～ , doesn't it?

27
気持ちはわかります。
▸ I know ～［5語］

28
今日はここまでにしましょう。
▸ Let's ～

29
今日はついてないな。
▸ Today is ～

30
元気出して！
▸ ～ up!

26

It feels great, doesn't it?

27

I know how you feel.

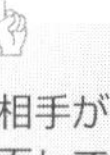

相手が辛い出来事に直面しているときにかけてあげる、慰めのひとことです。

28

Let's call it a day.

That's all for today.
(授業の終わりを告げるとき)

call it a day は「仕事を切り上げる」という意味です。

29

Today is not my day.

My luck's run out. (run out= 尽きる)

30

Cheer up!

Unit 4 (No. 31～40)

31
□□□ 幸運を祈ってるよ。 ▶ I'll keep ～

32
□□□ ここだけの話にしてね。 ▶ This is just ～

33
□□□ ここにあなたがいればいいのに。 ▶ I wish ～

34
□□□ ここは私が。［払う・おごる］ ▶ It's ～［3語］

35
□□□ ご心配をおかけしました。 ▶ I'm sorry I ～

31

I'll keep my fingers crossed.

中指と人差し指を交差させるジェスチャーは「幸運を祈る」という意味があります。

32 **This is just between you and me.**

Don't tell anybody (about this).

「あなたと私の間だけ」、つまり「誰にも言わないでね」ということです。

33

I wish you were here.

34

It's on me.

My treat.

食事をおごってあげるときに使うひとことです。

35

I'm sorry I made you worried.

I'm sorry for making you worried.

第3回 気持ちや考えなどを表すひとこと

Unit 4 (No. 31～40)

36

こんなはずじゃなかったのに。

▶ It wasn't supposed

37

さあ、始めましょう。

▶ (get)［3語］

38

最悪！

▶ It ～［2語］

39

賛成です。

▶ (agree)［3語］

40

残念！

▶ That's ～

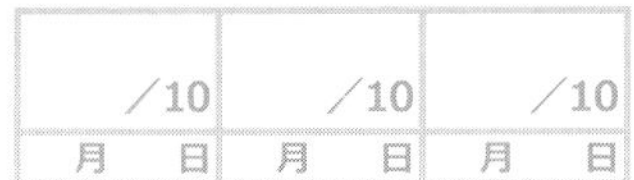

41

We have no choice.

There's nothing we can do about it.
/ It cannot be helped.

42

You should have confidence.

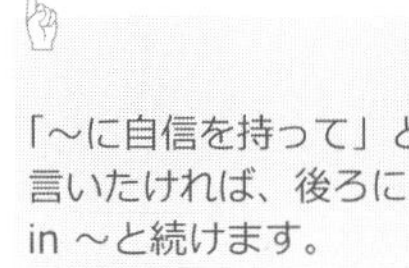

「～に自信を持って」と言いたければ、後ろにin ～と続けます。

43

Pull yourself together.

Get it together.

44

Check it out.

45

Let's wait and see.

すぐに行動せずに「待って(wait)見てみる(see)」という発想です。

Unit 5（No. 41～50）

46

すみません、私のせいです。 ▸ Sorry, it ～

47

そうしてもいいね。 ▸ Might ～［3語］

48

そこを何とか。 ▸ I know it's difficult, but ～

49

そろそろ切りますね。［電話］ ▸ I'll ～［4語］

50

そんな気分ではありません。 ▸ I'm not ～

46

Sorry, it is my fault.

47

Might as well.

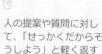

人の提案や質問に対して、「せっかくだからそうしよう」と軽く返すときの表現です。

48

I know it's difficult, but I still have to ask you.

I know it's difficult, but could you do it for me?

49

I'll let you go.

let you go は「あなたを行かせる」、つまり「この辺で」と、相手に別れを促す表現です。

50

I'm not in the mood.

I don't feel like it.

Unit 6（No. 51～60）

51
□□□ だから言ったじゃない！
▶ I ～［3語］

52
□□□ ダメ元でやってみたら？
▶ You ～［5語］
(lose)

53
□□□ ちゃんとしなさい。
▶ (yourself)

54
□□□ 調子に乗らないで。
▶［3語］
（cocky 生意気な、気取った）

55
□□□ ちょっと考えたんだけど。
▶ I'm just ～［3語］

51

I told you!

I told you so! / See!（ほら、見てごらん！）

52

You have nothing to lose.

There's nothing to lose.
/ Just take a chance.

「何も失うものはない（nothing to lose）」、つまり「ダメ元でやってみて」ということです。

53

Behave yourself.

You are not a child anymore.

子どもに行儀よくすることを促すひとことです。

54

Don't get cocky.

Don't get too excited.

cocky は「うぬぼれる」「お高くとまる」という意味です。

55

I'm just wondering.

不確かなことについて、あれやこれやと考えるときに使います。

Unit 6 (No. 51～60)

56

ちょっと考えます。

▸ Let me ～

57

ちょっと詰めてくれる？

▸ Can you ～ a bit?

58

ちょっと手伝ってくれない？

▸ Could you ～ ? (hand)

59

ちょっとへこみました。

▸ I was ～

60

手も足も出ない。／私には無理です。

▸ (my head)

56
Let me think about it.

Let me think it over.（よく考えさせて）

57
Can you scoot over a bit?

Can you move down one seat.
（1つ詰めてくれる？）

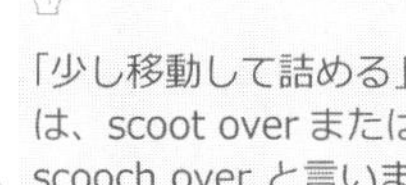

「少し移動して詰める」は、scoot over または scooch over と言います。

58
Could you give me a hand?

Can you help me?

59
I was a little depressed.

I was a little discouraged. / I was down.

60
It’s over my head.

「私の頭（head）を越えている（over）」、つまり「理解できない」ということです。

Unit 7 (No. 61～70)

61

□□□ 同感です。 ▶ (same way)

62

□□□ どうしよう。 ▶ (should do)

63

□□□ どっちでもいいよ。 ▶ (fine)

64

□□□ とぼけないで。 ▶ Don't play ～

65

□□□ とりあえず、これで。[注文] ▶ That's ～ [4語]

61

I feel the same way.

I think so, too. / I'll say.（まったくだ）

62

What should I do ?

63

Either is fine.

either は「どちらか一方」という意味です。Either will do. とも言えます。

64

Don't play dumb.

play dumb は「バカなふりをする」という意味です。

65

That's it for now.

第3回 気持ちや考えなどを表すひとこと

Unit 7（No. 61～70）

66

なつかしい～。 ▶ Good ～

67

何、言ってるの？／気は確か？ ▶ (out of)

68

何か嫌な予感がする。 ▶ I have a ～

69

なんでそんなに時間がかかったの？ ▶ What took ～？

70

なんとかなるよ。 ▶ Things will ～

66

Good old days.

Oh, I miss it so much.

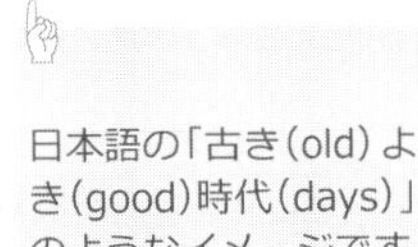
日本語の「古き(old)よき(good)時代(days)」のようなイメージです。

67

Are you out of your mind?

68

I have a bad feeling about this.

I have a hunch that something bad will happen.
(hunch= 勘)

69

What took you so long?

「何があなたにそんなに時間をかからせたのか」という発想です。

70

Things will work out.

Unit 8（No. 71～80）

28

71
願ったり叶ったりです。
▶ It's just what ～

72
ばかなこと言わないで。
▶［3語］（silly）

73
ばかにしないで。
▶ Hey! Don't ～

74
はっきり言ってください。
▶ Be ～ with me.

75
早く言ってくださいよー。
▶ You should've ～

71

It's just what I wanted.

I could wish for nothing better.

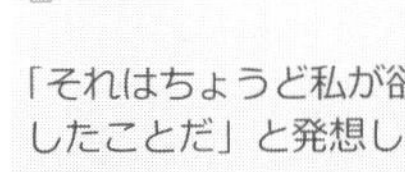
「それはちょうど私が欲しいことだ」と発想します。

72

Don’t be silly.

73

Hey! Don't diss me.

dis(s) は、disrespect（見下す）の短縮形。日本語の「ディスる」のもとになった言葉です。

74

Be straight with me.

Speak up.

「遠慮せずにストレートに言ってください」ということです。

75

You should've told me earlier.

〈should've＋過去分詞〉は「～するべきだったのに」、この場合、「早く言うべきだったのに」と考えます。

Unit 8（No. 71～80）

76

人を見た目で判断するな。 ▸ Don't judge ～

77

不幸中の幸いでした。 ▸ It could've ～［4語］

78

ぶっちゃけ、あまり気が進まない。 ▸ To be honest, I don't ～

79

ほんと、助かりました。 ▸ It was a ～

80

まいりました。 ▸ ～ me.［2語］

76

Don't judge people by aprearances.

77

It could’ve been worse.

「より悪くあり得た」、つまり「それで済んでよかったね」ということです。

78

To be honest, I don't really feel like it.

「ぶっちゃけ」はto be honest（正直に言うと）で表現できます。

79

It was a great help.

You helped me a lot.

80

Beats me.

You got me.（やられた）

「私を（me）打ち負かす（beat）」ということなので、「まいった」「わからない」となります。

Unit 9 (No. 81～90)

81

任せてください。

▸ Leave ～

82

また今度にしましょう。

▸ Maybe ～ time.
［4語］

83

またダメだ。

▸ Just ～［3語］

84

まだ迷ってます。

▸ I ～ can't ～

85

水くさいなあ。

▸ That's what ～
(for)

81

Leave it to me.

「私に（to me）それを（it）残しておいて(leave)」、つまり「私がやります」ということです。

82

Maybe some other time.

Maybe another time.

83

Just my luck.

Oh, not again.

84

I still can't decide.

85 **That's what friends are for.**

「それが友だちっていうもんだ」「そのための友だちだろう」という意味で使います。

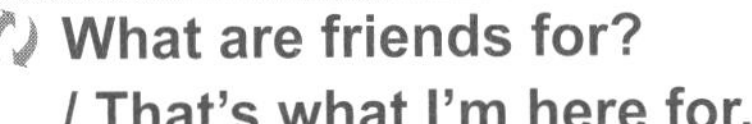

What are friends for? / That's what I'm here for.

Unit 9（No. 81～90）

86
ムカつく～。
▶ ～ing.［1語］

87
むちゃぶりするね～。
▶ You're ～ing ～［5語］

88
無理すんなよ。／無理しないで。
▶ You should ～［5語］

89
もう居ても立ってもいられない。
▶（hardly wait）

90
もううんざりだ。
▶ I'm ～ with it.

86

Disgusting.

It's annoying.（annoy= いらつかせる、苦しませる）

87 ## You're asking me too much.

英語では「私にあまりに要求し過ぎ」と言います。

You're making an unreasonable request.
（unreasonable= 理不尽な、不合理な）

88

You should take it easy.

Don't overdo it.
/ Please don't feel obligated.（obligate= 義務づける）

89

I can hardly wait.

I can't wait any longer.

hardly は「ほとんど～ない」という意味の準否定詞ですので、can に not を付けないように。

90

I'm fed up with it.

I'm sick and tired of it.（sick and tired of ~ ＝～に飽きる）

Unit 10（No. 91～100）

91

もう我慢できない。 ［5語］（stand）

92

やばい。 ▸ I'm ～

93

やめてよ！ ▸ Cut ～［3語］

94

やり直していいですか。 ▸ Can I ～？［4語］

95

やるべきことはやらないと。 ▸ You gotta do ～

91

I can't stand it anymore.

standは「立つ」という意味でよく使いますが、「～を我慢する」という意味でもあります。

92

I'm in trouble.

感激したときなど、いい意味で言う「やばい！」はAwsome!

93

Cut it out!

相手の嫌な発言や行為をやめて欲しいと言いたいときに使います。

94

Can I start over?

95

You gotta do what you gotta do.

gottaはhave to（～しなければならない）のこと。［ユガラドゥーワッユガラドゥー］のように発音します。

Unit 10 (No. 91～100)

96

よっしゃー！ ▶［2語］

97

世の中捨てたもんじゃないね。 ▶ Life is ～

98

私が言うのも何なんですが。 ▶ That's

99

私は真剣です。 ▶ (mean)［3語］

100

割り勘にしましょう。 ▶ Let's ～

96

All right!

Yes!

right のほうを強く発音しましょう。All を強く言うと、「かしこまりました」という意味になります。

97

Life is not that bad.

The world is not that bad.

not that bad は「そんなに悪くない」という意味です。

98

That's none of my business, but...

I don't know if I shoud say it, but

「それって余計なお世話だよね。」は That's none of his business. です。

99

I mean it.

I'm serious.

「私は（I）言っていることそのものを（it）意味している（mean）」と捉えます。

100

Let's split the bill.

Let's pay separately.
（separately ＝別々に）

split は「割る」、bill は「伝票」です。「伝票を２つに分ける」、つまり「割り勘」ということです。

アキレス腱は人の弱点？

みなさんは何か苦手なことはありますか。例えば、国語や英語は得意だけれども、数学がちょっと苦手だとか、料理はとても上手なのに、整理整頓はうまくできないとか…。英語には It's my Achilles' heel.（それは私の弱点です）という会話表現があります。Achilles' heel は「苦手なこと」「弱点」「急所」という意味です。文字通りには「アキレスのかかと」です。日本語では「弁慶の泣き所」という表現がありますね。アキレス腱は人の弱いところというイメージです。

アキレス（Achilles）はギリシャ神話に出てくる英雄で、弱点であるかかとを攻められて命を落とし、戦争に負けたと言い伝えられています。This team has an Achilles' heel.（このチームには弱点がある）とか、Math was my Achilles' heel.（数学は苦手でした）のように使うことができます。Achilles は［アキレス］ではなく［ア**キ**リーズ］のように発音しましょう。

英会話ミニ検定

第4回

人の性格や評価などを表すひとこと

（100問）

Unit 1（No. 1～10）

1
あいつは半端ない。 ▶ He's the ～

2
あと一息だ。 ▶ You're ～［3語］

3
あなたには言われたくないです。／自分のことは棚に上げて、何言ってんの!? ▶ Look ～［3語］

4
あなたは彼にナメられてる。 ▶ He takes ～

5
あの二人は仲良しです。 ▶ Those two are ～

1

He's the real deal.

He's absolutely incredible! / He's awsome.

2

You're almost there.

3

Look who's talking.

You should talk. / You're one to talk.

4

He takes you lightly.

He underestimates you.
（underestimate ＝過小評価する）

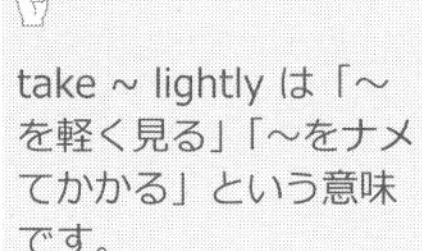

take ~ lightly は「～を軽く見る」「～をナメてかかる」という意味です。

5

Those two are very close.

They are buddies.（buddy ＝相棒）

Unit 1 (No. 1～10)

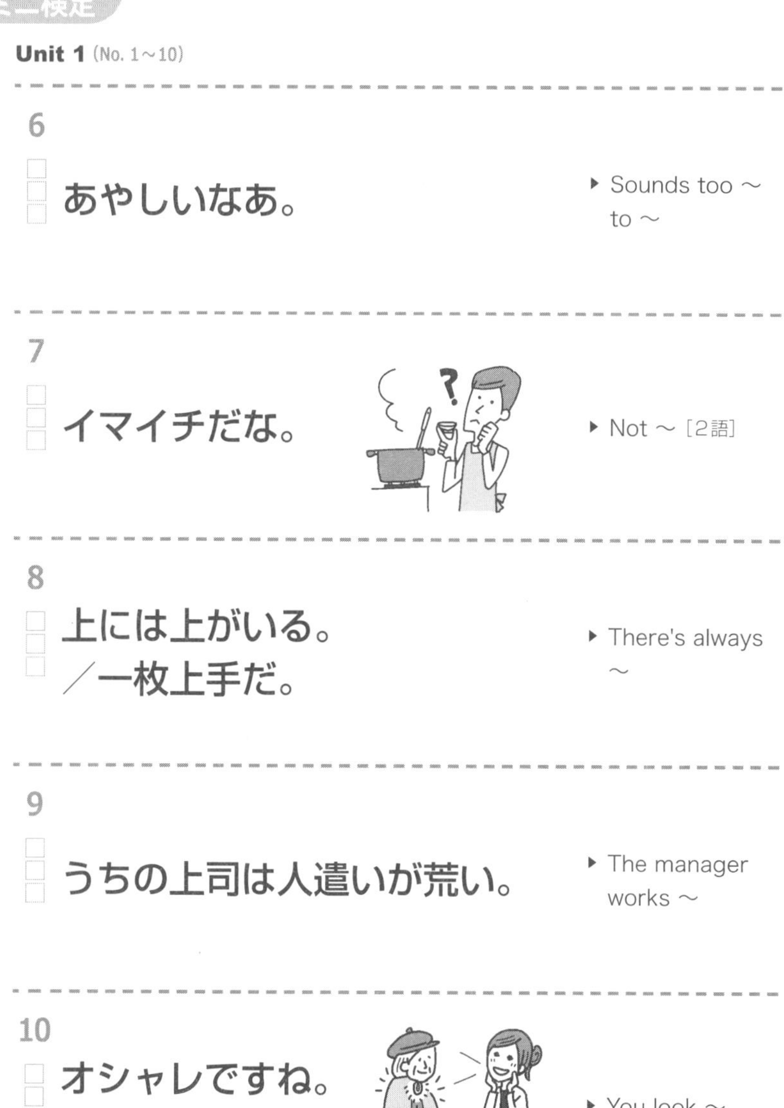

6
□□□ あやしいなあ。
▸ Sounds too ～ to ～

7
□□□ イマイチだな。
▸ Not ～［2語］

8
□□□ 上には上がいる。／一枚上手だ。
▸ There's always ～

9
□□□ うちの上司は人遣いが荒い。
▸ The manager works ～

10
□□□ オシャレですね。／センスがいい。
▸ You look ～

6

Sounds too good to be true.

「あまりに話が良過ぎて信じ難い」という意味です。Sounds の前に主語の It が省略されています。

7

Not quite good.

Not quite.
/ Could be better.（よりよくあり得る）

「まったくいいというわけではない」、つまり「何か1つ足りないものがある」というイメージです。

8

There's always someone above you.

There's always someone better.

9

The manager works us too hard.

この場合、work は「～を働かせる」という意味です。works の代わりに pushes を使うこともできます。

10

You look so fashionable.

Nice choice. / I like your taste.

Unit 2（No. 11～20）

11

お世辞が上手ですね。

▸ You're such a ～

12

彼女とは話がかみ合わないんです。

▸ She and I are not ～

13

彼女の演技は非の打ちどころがない。

▸ Her performance is ～

14

彼女はあちこちから引っ張りだこです。

▸ She's ～ everywhere.

15

彼女は言いたい放題言う人だ。

▸ She says ～ (want)

11 **You're such a smooth talker.**

smooth talker は「口が上手い人」「愛想ばかりいう人」のことです。

12 **She and I are not on the same page.**

on the same page は「考え方が同じ」という意味です。

They are not on the same wavelength.（波長が合わない）

13 **Her performance is impeccable.**

Her performance is perfect.

impeccable は「申し分のない」という意味です。perfect や flawless（欠点がない）も使えます。

14 **She's so popular everywhere.**

「引っ張りだこ」は「とても人気がある（so popular）」と捉えます。

She's much sought after.（seek after ~ = ~を求める）
/ She's a hot property.（hot property =優良株、今人気のもの）

15 **She says everything she wants to say.**

Unit 2 (No. 11～20)

16
彼女は一緒にいて楽しい人です。
▸ She's fun ～

17
彼女はいつもちやほやされたがっている。
▸ She always ～ (make much of)

18
彼女はいつも人の足を引っ張る。
▸ (in the way)

19
彼女はキャラが濃い。／彼女は個性が強い。
▸ She's a ～

20
彼女は口が悪いけど、根はいい人です。
▸ She has ～ but ～

16

She's fun to be around.

capableは「有能な」という意味です。efficientを使うこともできます。

17 **She always wants to be made much of by people.**

She always wants to get people's attention.（人の注目が欲しい）

make much ofは「大事にする」「もてはやす」という意味です。「もてはやされたい」という受身形です。

18

She always gets in the way of someone.

get in the wayは「道の中に入る」、つまり「立ちはだかる」「邪魔をする」となります。

19

She's a character.

She's very unique.

characterは「個性が強い人」「ユニークな人」という意味もあります。

20

She has a bad mouth but is good at heart.

Unit 3 (No. 21～30)

21
彼女は時間にルーズです。
▸ She's not ～ ［3語］

22
彼女は仕事ができます。
▸ She's very ～ ［3語］

23
彼女は社交的な人です。
▸ She is an ～ ［5語］

24
彼女はすごく意地悪です。
▸ She's ～

25
彼女はその仕事にうってつけです。
▸ She's ～ for that job.

21

She's not punctual.

She's always late.

22

She's very capable.

capable は「有能な」という意味です。efficient を使うこともできます。

23

She is an outgoing person.

outgoing は「外に出る」、つまり「社交的な」ということです。その反対は shy（内気な）です。

24

She's so mean.

25

She's the right person for that job.

She's perfect for that job.

Unit 3 (No. 21～30)

26

□□□ 彼女はとても控えめな女性です。

▶ she's a ～［5語］

27

□□□ 彼女は何か言いたそうだった。

▶ She looked like she ～

28

□□□ 彼女は人気者です。［クラスなど］

▶ (well-liked)［4語］

29

□□□ 彼女は猫かぶってるからね。

▶ (pretending) (person) .

30

□□□ 彼女はやる気満々です。

▶ She's ～［3語］

26 **She's a very reserved person.**

She's a quiet person.

reserved は shy と同じように、あまり言葉で表現しない人の内気な性格を表します。

27 **She looked like she wanted to say something.**

28 **She's a well-liked person.**

well-liked は「よく好かれる」ですから、「周りに人気がある」「モテモテの」ということです。

29 **She's pretending to be a nice person.**

pretend to be ~ は「~であるふりをする」という意味です。「いい人のふりをする」と捉えます。

30 **She's so enthusiastic.**

She's full of enthusiasm.
（熱意でいっぱい）

enthusiastic は「熱意のある」という意味です。

Unit 4 (No. 31～40)

31

神対応でした。［私＝男性］

▸ They treated me

32

紙一重の差です。

▸ There's only ～

33

可もなく不可もなくという感じです。

▸ It's neither ～

34

彼って本当にウザい。

▸ (annoying)［3語］

35

彼とは気が合うんです。

▸ I'm ～

31 **They treated me like a king.**

They were very couteous.
（丁重だった）

「自分を王様のように扱ってくれた」と発想します。女性の場合は queen（女王様）を使います。

32

There's only a subtle difference.

suttle は「微妙な」という意味です。

33 **It's neither good nor bad.**

It's OK.（OK は「まあまあ」という意味）

neither ~ nor …は「～でもなく…でもない」と、両方を否定するときに使います。

34

He's really annoying.

annoying は「うっとうしい」「人を悩ませるような」という意味です。

35 **I'm getting along with him.**

I'm getting on well with him.

get along with ~ は「～と上手くやっていく」ということです。

Unit 4（No. 31～40）

36

□□□ 彼の努力には頭が下がるよ。

▶（hat）（for his effort）

37

□□□ 彼の話し方が気に障る。

▶ The way ～ my nerves.

38

□□□ 彼は味にうるさい。

▶（very picky with）

39

□□□ 彼はいつも、ああ言えばこう言うんだから。

▶ He always ～［4語］

40

□□□ 彼はいつも上から目線だ。

▶ He's kind of ～

36

I take my hat off to him for his effort.

take my hat off は「彼の努力には脱帽」という発想です。

37

The way he talks gets on my nerves.

38

He is very picky with his food.

pick（選ぶ）の形容詞 picky は「選り好みする」という意味です。

39

He always talks back.

Whatever I say, he has a comeback ready.

40

He's kind of bossy.

 **He's stuck-up.**
/ He's so arrogant. （arrogant ＝高慢な）

bossy は boss（ボス）の形容詞です。「ボスのように偉そうにしている」人のイメージです。

Unit 5 (No. 41～50)

41
□□□ 彼はいつもテキトーだから。

▸ He's always ～ ［3語］

42
□□□ 彼は使えないな。

▸ He's ～ ［3語］

43
□□□ 彼はつかみどころがない。

▸ You never know ～

44
□□□ 彼は手に負えない。

▸ （control）

45
□□□ 彼は根に持つタイプだね。

▸ He's ～ （hold grudges）

41

He's always irresponsible.

> responsible は「責任感のある」、irresponsible は「無責任な」、つまり「いい加減だ」ということです。

42

He's hopeless.

He's absolutely hopeless.
/ He's good for nothing.（何に対してもよくない）

43

You never know what he's thinking.

> 「何を考えているか分からない」と発想します。

44

He's out of control.

I can do nothing about him.

> out of control は「制御不能」という意味です。

45

He's the type of person who holds grudges.（grudge ＝恨み）

Unit 5 (No. 41～50)

46

彼は人が良過ぎる。

▸ He's too ～

47

彼は負けず嫌いだからね。

▸ He's a ～［4語］

48

彼はまだ親のすねをかじっている。

▸ He still ～ heavily ～

49

彼らは犬猿の仲です。

▸ They are like ～

50

考えが甘いよ。

▸ That's over-xxx

46

He's too trusting.

trust は「人を疑わない」という意味です。

47

He's a sore loser.

 **He's a bad loser.** （loser ＝敗者）

a sore loser（負けず嫌い）は、あまりいい意味では使いませんん。

48

He still depends heavily on his parents.

completely rely on ~
（rely on ~ ＝～に依存する）

親に重く（heavily）のしかかるイメージです。

49

They are like cats and dogs.

日本語では「犬と猿」、英語では「犬と猫」です。語順は cats and dogs となります。

50

That's over-optimistic.

 **You're just too optimistic.**
（optimistic ＝楽観的）
/ That's your wishful thinking.
（wishful thinking ＝希望的観測）

optimistic は「楽観的な」。over-optimistic は「楽観的すぎる」、つまり「考えが甘い」ということです。

Unit 6（No. 51～60）

36

51

気が利くね。

▸ You're so ～

52

君、筋がいいね。

▸ You're a ～

53

ご一緒できて楽しかったです。

▸ (one's company)

54

子どもだましだよ。

▸ (stuff)［3語］

55

これだけがとりえなんです。

▸ This is ～ (good at)

51

You're so considerate.

How thoughtful of you!

52

You’re a natural.

You got potential. （potential＝潜在能力）
You're on the ball.（on the ball ＝有能な）

natural は「自然な」という形容詞としてよく使いますが、「生まれつき才能がある人」という名詞でもあります。

53

I enjoyed your company.

company は「会社」という意味でよく使いますが、「同席」「仲間」という意味でもあります。

54

That's kid stuff.

55

This is the only thing that I'm good at.

My only strength is ~（私の唯一の強みは～）

Unit 6 (No. 51～60)

56

最高！ ▶ [1語]

57

さすが修羅場をくぐってきただけある。[彼] ▶ He's overcome ～

58

さすがですね。 ▶ You're ～

59

仕事、こっちに丸投げなんだよね。[彼ら] ▶ They left ～

60

ずるい！ ▶ (fair) [3語]

56

Awesome!

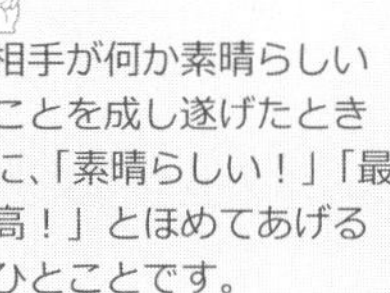

相手が何か素晴らしいことを成し遂げたときに、「素晴らしい！」「最高！」とほめてあげるひとことです。

🔄 **That's great! / That's wonderful!**

57

He's overcome many hardships in his life.

「修羅場」は hardships（困難）、「くぐる」は overcome（打ち勝つ）で表現してみましょう。

58

You're amazing.

🔄 **I knew you would make it!**（あなたはできると思っていた）

59

They left all their work to me.

60

That's not fair!

第4回 人の性格や評価などを表すひとこと

Unit 7（No. 61～70）

61

せっかちすぎるよ。

▸ You're too ～

62

そこまで言う？

▸ (rub ～ in)
［4語］

63

それとこれは話が別です。

▸ Those are two ～

64

それはお門違いです。

▸ You're barking up ～

65

それはひどい。

▸ That's ～

61

You're too impatient.

62

Don't rub it in.

Don't be so hard on me. / Give me a break.

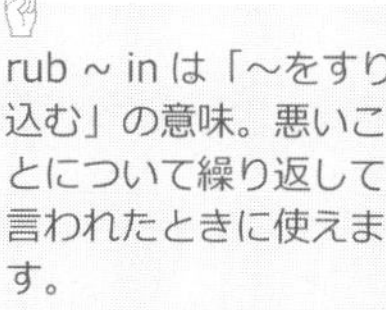

rub ～ in は「～をすり込む」の意味。悪いことについて繰り返して言われたときに使えます。

63

Those are two different issues.

That's totally a different issue.（issue ＝問題、事柄）

64

You're barking up the wrong tree.

I have nothing to do with it.

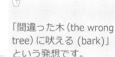

「間違った木（the wrong tree）に吠える（bark）」という発想です。

65

That's terrible.

That's awful.

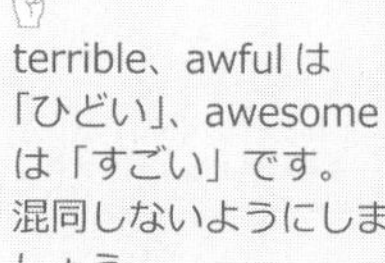

terrible、awful は「ひどい」、awesome は「すごい」です。混同しないようにしましょう。

Unit 7 (No. 61～70)

66

□□□ それは虫がよすぎるというものです。

▶ You're asking for ～

67

□□□ 台無しにしてくれたよ。／やってくれたよ。

▶ You made ～［4語］

68

□□□ 宝の持ち腐れですよ。

▶ Don't ～［4語］(talent)

69

□□□ ださいな。

▶ That's so ～

70

□□□ だてに年を取ってない。［彼］

▶ He's been ～ (block)

66 **You're asking for too much.**

You're asking for the moon.

「多過ぎること (too much) を要求する (ask for)」、つまり「要求し過ぎ」ということです。

67 **You made a mess.**

You messed everything up.
（mess ＝めちゃくちゃにする）

68 **Don't waste your talent.**

It's a waste of talent.

「才能を無駄にするな」と発想します。

69 **That's so lame.**

That is out of fashion.
（out of fashion ＝時代遅れ）

lame の代わりに lousy や ugly も使えます。

70 **He's been around the block.**

Unit 8 (No. 71～80)

71
□□□ たまにはいいこと言うね。

▶ You have a point ～

72
□□□ だめじゃない。

▶ Shame ～ ［3語］

73
□□□ 頼りにしてます。／頼むね。

▶ (count on) ［4語］

74
□□□ 超笑える！／超ウケる！

▶ That's so ～！

75
□□□ 詰めが甘かった。

▶ I failed ～

71 **You have a point once in a blue moon.**

have a point は「的を射ている」、once in a blue moon は「たまに」という意味です。

72 **Shame on you.**

「だめじゃない」と軽い気持ちや冗談で、相手のした行為をたしなめる表現です。

73 **I'm counting on you.**

74 **That's so funny!**

That's hilarious!（hilarious ＝とてもおかしい、大笑いを誘う）

75 **I failed at the last minute.**

It wasn't thorough enough. / I didn't follow through.
（follow through ＝最後までやり通す）

「最後の瞬間に (at the last minute) しくじる (fail)」と発想します。

Unit 8 (No. 71～80)

76

どっちもどっちですよ。

▸ They're pretty ～

77

何様のつもり？

▸ Who ～？［6語］(think)

78

煮え切らないなあ。

▸ You're so ～

79

話にならない。

▸ It's no use ～

80

ひどいこと言いますね。

▸ That's a ～ to ～

76

They're pretty much the same.

There's not much difference.

77 **Who do you think you are?**

He's so conceited.
(conceited ＝うぬぼれている)

「自分を誰だと思っているの？」、つまり「偉い人だと勘違いしていないよね」ということです。

78

You're so wishy-washy.

wishy-washy は「優柔不断の」「煮え切らない」「どっちつかずの」という意味です。

79 **It's no use discussing it.**

This is ridiculous.
(ridiculous ＝ばかげている)

It's no use は「役に立たない」の意味。「議論しても無駄だ」ということです。

80

That's a nasty thing to say.

nasty は「不快な」という意味です。

Unit 9 (No. 81～90)

39

81
ひと言多いよ。
▶ You say one ～

82
暇な奴だなあ。
▶ Don't you have ～？（do）

83
ピンと来ない。
▶ I don't get ～

84
まあまあだね。
▶ Not ～［3語］

85
周りの目を気にし過ぎだよ。
▶ You care too much ～（think）

81

You say one word too many.

82

Don't you have anything better to do?

「もっとましなこと (anything better to do) できないの？」と発想します。

83

I don't get the point.

It doesn't make sense to me. / I can't picture it.

「要点 (point) がゲットできない」、つまり「ピンと来ない」ということです。

84

Not too bad.

85

You care too much about what other people think.

「ほかの人たちが考えること (what other people think) を気にし過ぎ」と捉えます。

Unit 9 (No. 81～90)

86

□□□ まんざらでもないです。

▶ Not ～［4語］

87

□□□ みんな、あてにならない。

▶ Everybody here ～

88

□□□ みんな見て見ぬふりだった。

▶ Everyone turned ～ (blind)

89

□□□ めちゃめちゃお得ですよ。

▶ It's a ～

90

□□□ もの好きな人もいるもんだ。

▶ There are ～ around.

86

Not bad at all.

87

Everybody here is unreliable.

I can't count on anybody. (count on ~ ＝～をあてにする)

88 **Everyone turned a blind eye to it.**

Everyone just pretended not to see it. (pretend ~ ＝～のふりをする)

「見えていない目 (a blind eye) をそれに (to it) 向ける (turn)」と発想します。

89

It's a super deal.

That's a really good buy.

90

There are all sorts of people around.

「いろんな種類の人がいる」と発想します。

第4回 人の性格や評価などを表すひとこと

Unit 10（No. 91～100）

91
ものは言いようですね。
▸ It's not what ～ but how ～

92
やったね！
▸ (make)［3語］

93
やればできるじゃない！

▸ (a look)［5語］

94
よくわかったね。
▸ How did you ～?

95
余計なことだったね。
▸ (uncalled)［4語］

91 **It's not what you say but how you say it.**

Smooth words make smooth ways.

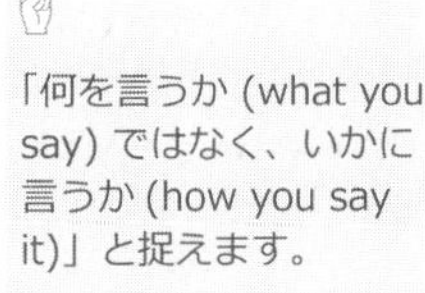

「何を言うか (what you say) ではなく、いかに言うか (how you say it)」と捉えます。

92

You made it!

Good job! / Well done.

93

Take a look at that!

Look at you! / You can do it if you try.

94

How did you know that?

You've guessed right.（お察しの通り）

95

It was uncalled for.

uncalled は「呼ばれていない」「招かれていない」、つまり「余計な」という意味で使われます。

Unit 10 (No. 91～100)

96

らしくないなあ。 ▸ It's not ～

97

若いときは怖いもの知らずでした。 ▸ I wasn't ～ when ～

98

わがままだなあ。 ▸ (self-centered) ［3語］

99

私、結構おっちょこちょいなんです。 ▸ I'm such a ～

100

私は全然モテません。
［男性が女性に］ ▸ (popular with)

96

It’s not like you.

like ~ は「~のようだ」。not like you は「あなたのようではない」なので、「あなたらしくない」ということになります。

97 **I wasn't afraid of anything when I was young.**

I was absolutely fearless of anything~. / I feared nothing~.

98

You’re so self-centered.

You're selfish.

self-centered は「自己中心的な」、つまり「わがまま」ということです。

99

I'm such a scatterbrain.

I'm clumsy sometimes.
(clumsy =不器用)

scatter は「まき散らす(こと)」、brain は「脳」なので、頭に落ち着きがないイメージです。

100

I am not popular with girls at all.

「モテる」はシンプルに「人気がある」と表現します。

日本語では「白黒」、英語では？

語順は言語によってさまざまです。日本語と英語を比較してみましょう。例えば、日本語で「白」と「黒」を続けて言う場合、どちらを先に言いますか。もちろん「白黒」ですよね。「黒白」と言っても意味はわかりますが、何となくしっくりきませんね。でも英語では語順が逆で、black and white です。「あれこれ」も「これあれ」じゃ、おかしいですね。でも英語では this and that で、近いものが先なのです。だから、「あちこち」も英語では here and there です。不思議ですね。「行ったり来たり」も come and go、「出たり入ったり」も in and out。日本語とは反対です。

「春夏秋冬」はどうでしょう。日本では桜が咲き新学期が始まる「春」が最初ですよね。でも英語では、普通、winter, spring, summer and fall、「冬」が最初に来るのです。「東西南北」も朝日が昇る「東」から始まるのが当たり前でしょう。いや、それが当たり前ではないのです。英語では north, south, east and west の順になるのです。

では、ここでクエスチョンです。①「住所・氏名を書きなさい」と②「需要と供給の格差」を英語で言ってみてください。（＊「需要」は demand、「供給」は supply です）

正解は、① Write your name and address. ② a gap between supply and demand です。

英会話ミニ検定

第5回

カタカナ語・オノマトペ・慣用句のひとこと

（100問）

Unit 1 (No. 1～10)

1

□□□ 開いた口が塞がらなかったよ。／あきれてものが言えなかったよ。

▸ I was ～［3語］

2

□□□ 朝一でやります。

▸ (first thing)

3

□□□ 朝飯前です。／お安い御用です。

▸ It's a ～

4

□□□ 頭を冷やせ。

▸ You should ～

5

□□□ あの会社はブラック企業ですよ。

▸ (sweatshop-like environments)

1

I was dumbfounded.

I didn't know what to say.

「dumbfounded」は「ものが言えないほどびっくりして」という意味です。

2

I'll do it first thing in the morning.

3

It's a piece of cake.

That's a cinch for me. / Not a problem at all.

ケーキ１個（a piece of cake）は、一口で簡単に食べられるものなので「朝飯前」ということです。

4

You should cool off.

You should get some (fresh) air. 気分転換 / You need a change of pace.

5

That company has sweatshop-like environments.

Unit 1（No. 1～10）

6

あの子はハキハキしている。

▸ She speaks ～

7

忙しくて目が回る。

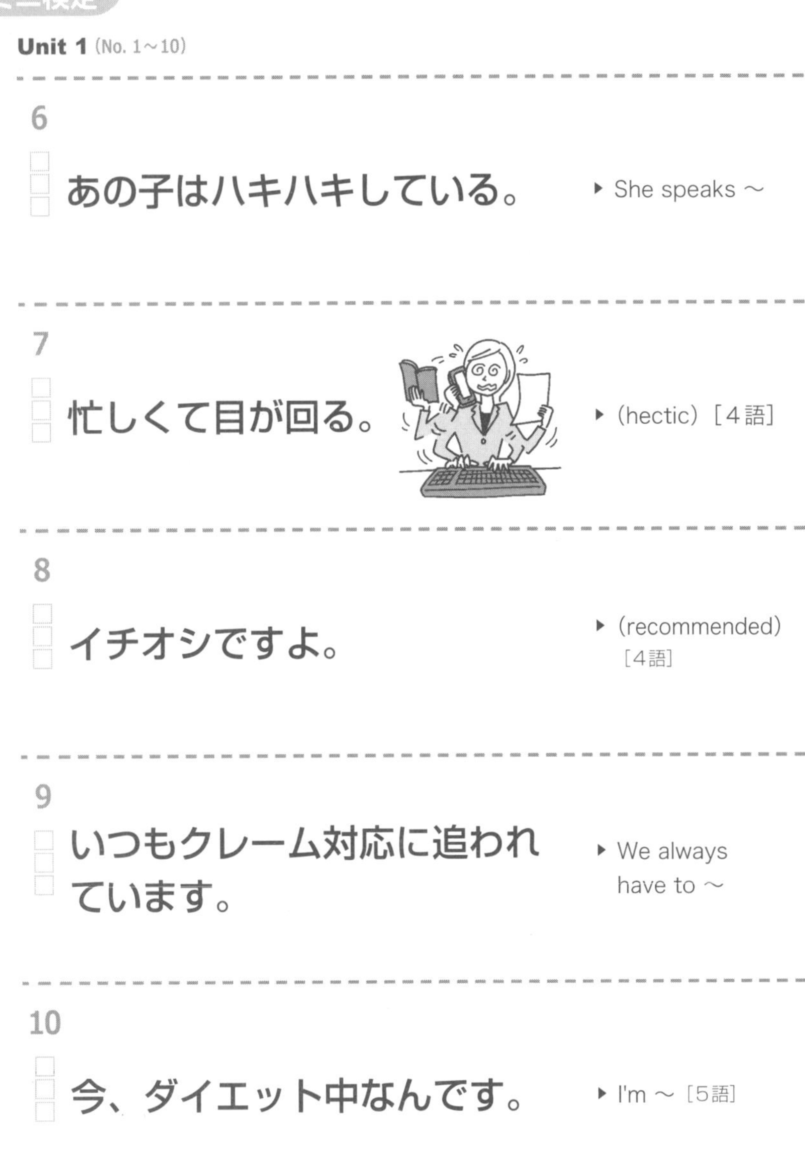

▸（hectic）［4語］

8

イチオシですよ。

▸（recommended）［4語］

9

いつもクレーム対応に追われています。

▸ We always have to ～

10

今、ダイエット中なんです。

▸ I'm ～［5語］

6

She speaks clearly.

7

It's been so hectic.

I've been so busy.

hectic は「てんてこ舞い」というイメージ。My head is spinning（頭がぐるぐる回る）. と付け足しても OK。

8

That is highly recommended.

You won't be disappointed.

9

We always have to handle customer complaints.

「クレーム」は complaints（苦情）です。英語で claim は「要求（する）」という意味です。

10

I'm on a diet now.

I'm cutting down on sweets.

日本語では「ダイエット中」と「中」を使いますが、英語では in ではなく on を使います。

Unit 2 (No. 11～20)

11

今からワクワクします。

▸ (already)［4語］

12

うちの奥さん、カンカンになって怒るよ。

▸ (hit) (ceiling)

13

うっかりしてた。

▸ It slipped ～［4語］

14

お腹ペコペコ。

▸ I'm ～［2語］

15

会議ではみんなピリピリしていました。

▸ (a strained atmosphere)

11

I'm already excited.

「今から」は「もうすでに（already）」と考えます。

12 **My wife will hit the ceiling.**

My wife will kill me.

「怒りの感情が天井（ceiling）にぶつかる（hit）くらい腹がっている様子を表しています。

13

It slipped my mind.

「ど忘れした」も同じ表現で表せます。

14

I'm starving.

I'm so hungry.

starve は「餓死する」という意味。「餓死しつつある」と空腹状態を強調します。

15 **There was a strained atmosphere in the meeting.**

There was a tense atmosphere in the meeting.

Unit 2 (No. 11～20)

16

彼女にまたドタキャンされた。

▸ She canceled on me ～

17

彼女はいつも重箱の隅をつつくようなことをする。

▸ (nitpick) (what people do)

18

彼女は英語がペラペラです。

▸ She speaks ～

19

彼女は聞く耳を持っていない。

▸ She won't ～

20

彼女はどんどん上手くなっている。

▸ She's ～ ing quickly.

16 **My girlfriend canceled on me again at the last minute.**

She cancelled it at the last minute.

「最後の瞬間に(at the last minute)にキャンセルする」ので「ドタキャン」となります。

17 **She's always nitpicking at what people do.**

He always finds fault with everything you do.

nitpick は「あら探しをする」「つまらないことにけちをつける」という意味です。

18

She speaks English fluently.

19

She won't listen to anyone.

won't は will not の短縮形ですが、「～しようとしない」という意味で使ときがあります。

20

She's improving quickly.

imporve は「上達する」という意味です。get better とも言います。

第5回 カタカナ語・オノマトペ・慣用句のひとこと

Unit 3（No. 21～30）

21

□□□ 彼女は僕のメッセージをスルーした。

▸（my message）［4語］

22

□□□ 髪の毛がサラサラしてるね。

▸ You have ～ and ～ hair.

23

□□□ 彼、本当にマイペースだね。

▸ He never thinks ～

24

□□□ 彼とはツーカーの仲なんです。

▸ I'm on ～ with him.

25

□□□ 彼に会うと胸がキュンとする。

▸ He makes ～（heart）

21

She ignored my message.

She took no account of my messages.

「スルーする」は和製英語です。「無視する」という意味の ignore が使えます。

22

You have silky and smooth hair.

23

He never thinks about other people.

He does things at his own pace.

24

I'm on such good terms with him.

on such good terms with ~ は「~ととても仲がいい」という慣用表現です。

25

He makes my heart ache.

「心を痛くする」とイメージします。

Unit 3 (No. 21～30)

26
彼にはときどきイラッとします。 
▶ (get on one's ～)

27
彼のコメントにはドン引きした。
▶ We were really ～

28
彼は奥さんのお尻に敷かれている。
▶ He is ～ ［3語］

29
彼はときどき授業をサボってるよ。
▶ (skip) ［4語］

30
彼らは手の平を返したような態度だった。
▶ They completely ～

26 **He sometimes gets on my nerves.**

I was kind of irritated.
（irritated ＝イライラしている）

get on my nerves は「イラっとする」「気に障る」という意味です。(第４章「気に障る」を参照)

27 **We were really put off by his comments.**

His comment was a real turnoff.

28

He is henpecked.

He can't say “No” to his wife.

henpecked は「尻に敷かれている」「かかあ天下の」という意味です。

29

He sometimes skips classes.

skip は「スキップする」「飛ばす」から「授業を飛ばす」、つまり「授業をサボる」という意味になります。

30

They completely changed their attitude.

Unit 4 (No. 31～40)

31

昨日は家でゴロゴロしていました。

▸ I just ～ and ～ (take)

32

今日はキレキレだね。／今日は冴えてるね。

▸ You're so ～ ［4語］

33

今日はラフな格好ですね。

▸ You're ～ (clothes)

34

去年、多くの従業員がリストラにあった。

▸ Many employees ～ (from one's job)

35

ぎりぎり間に合った。

▸ I made ～

31 **I just stayed home and took it easy yesterday.**

I'm a homebody.（家にいるのが好き）/ **I'm a couch potato.**（couch potato ＝ソファーでゴロゴロしている人）

take it easy は「ゆっくりしておく」という意味です。I just took it easy at home. でもOKです。

32

You're so sharp today.

33 **You're wearing casual clothes today.**

comfortable clothes / something comfortable

「ラフ」のもとになるrough は「粗い」という意味。ここではcasual（カジュアルな）を使いましょう。

34 **Many employees were fired from their jobs last year.**

I got laid off.（lay off ＝一時解雇する）

hire は「雇う」、fire は「首にする」と覚えましょう。

35

I made it just in time.

I just made it.

make it は「間に合う」とか「行くことができる」のような意味でよく使う慣用表現です。

Unit 4 (No. 31～40)

36

空気が読めない奴だなあ。

▶ He can't ～

37

ググってみて。

▶ Just ～

38

口が裂けても言えないよ。

▶ I can't ～ (no matter)

39

口だけは達者だな。
／言うことだけは一人前だね。

▶ You ～［3語］(big)

40

くよくよしないで。

▶ Don't ～ too ～

36

He can't read between the lines.

He can't feel out the situation.

37

Just google it.

38

I can't say it no matter what.

no matter what は「何があっても」という意味です。

39

You talk big.

He's (You're) all talk.（口先だけだね）

40

Don't worry too much.

「心配し過ぎないで」と表現します。

Unit 5 (No. 41～50)

45

41

ケースバイケースです。 ▶ It ～ [2語]

42

この仕事は彼女にバトンタッチします。 ▶ I passed ～

43

これは最高のビジネスチャンスです。 ▶ This is an ～

44

今度こそリベンジします。 ▶ (definitely)

45

こんなのは氷山の一角ですよ。 ▶ This is just ～

41

It depends.

It depends on the situation.
（状況によってさまざまです）

英語で case by case は「個別に」という意味で「時と場合によって」という意味ではありません。

42

I passed my work on to her.

pass the baton to ~ と比喩的にも言えます。

43

This is an excellent business opportunity.

「ビジネスチャンス」は business opportunity です。business chance とは言いません。

44

I'll definitely win next time.

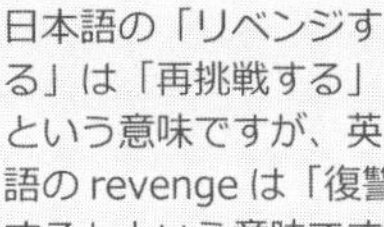

日本語の「リベンジする」は「再挑戦する」という意味ですが、英語の revenge は「復讐する」という意味です。

45

This is just the tip of the iceberg.

Unit 5 (No. 41～50)

46

□□□ 今夜はパーッといこう。 ▸ Let's ～［3語］

47

□□□ サッカーが三度の飯より好きです。 ▸ There's nothing I ～

48

□□□ ざっくりとスケジュールを出してもらえませんか。 ▸ Could you give me ～?

49

□□□ じゃあ、こうしよう。 ▸ Tell ～［3語］

50

□□□ 上司からパワハラを受けた。 ▸ (harass)

46

Let's splurge tonight.

I splurged on a trip.
（旅行に大金を使った）

splurge は「お金を使いまくる」、つまり「パーッといく」という意味で使えます。

47

Threre's nothing I like more than soccer.

48

Could you give me a rough schedule?

rough は「粗い」「ざっくりとした」という意味です。

49

Tell you what.

何かを思いついて、それを相手に伝える前に添えるひと言です。文頭に I'll が省略されています。

50

I was harassed by my boss.

Unit 6（No. 51～60）

51
□□□ 白黒はっきりさせよう。 ▸ Let's ～

52
□□□ 心臓がバクバクしてる。 ▸ My heart is ～

53
□□□ ストレスがたまるよ。 ▸ I'm under ～

54
□□□ ストンと落ちました。／腑（ふ）に落ちました。／合点がいきました。 ▸ Everything ～ (fall)

55
□□□ 全てうやむやになってしまった。 ▸ Everything ～ (kick) (long grass)

51 **Let's make it clear.**

I'd like to make one thing clear. / Let's get it straight.
（ひとつはっきりさせておきたい）

make it clear は「それを（it）を明白にする」、つまり「白黒はっきりさせる」ということです。

52 **My heart is beating so fast.**

My heart is throbbing.（ドキドキしている）
/ I'm so nervous.（すごく緊張している）

53 **I'm under a lot of stress.**

ストレスがのしかかっていて、自分がその下で苦しんでいる様子をイメージしましょう。（→第３章「胃が痛いよ」を参照）

54 **Everything fell into place.**

That makes total sense.
/ I fully understand what you said.

55 **Everything was kicked into the long grass.**

「人から忘れ去られるように、長い草の中に蹴り入れる」と考えます。

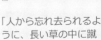

Unit 6（No. 51～60）

56

□□□ 外は雨がしとしと降っている。 ▶（drizzle）［3語］

57

□□□ その映画の結末はどんでん返しでした。 ▶ The movie had a ～

58

□□□ それがネックになっている。 ▶ That is the ～［6語］

59

□□□ それには多くのメリットがあります。 ▶ There are ～

60

□□□ それは会社のイメージアップにつながります。 ▶ That can ～

56

It's drizzling outside.

It's sprinkling.（パラパラ） / It's pouring.（ザーザー）

57

The movie had a surprise ending.

58

That's the bottleneck in it.

That's the major problem.

「ネック」は bottleneck を短縮した和製英語です。

59

There are many advantages to it.

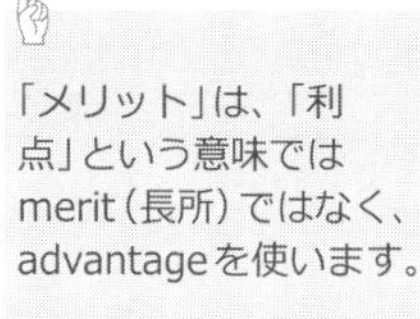

「メリット」は、「利点」という意味では merit（長所）ではなく、advantage を使います。

60

That can improve the company's image.

reinforce, strengthen

Unit 7（No. 61～70）

61

□□□ それは完全にアウトでしょ。

▸ That's ～ (the question)

62

□□□ それをチンして。

▸ Just ～

63

□□□ 父が背中を押してくれました。

▸ My dad gave me ～ (push)

64

□□□ ちょっとしたアンケートに答えてもらえませんか。

▸ Could you take ～ to ～? (minutes) (fill)

65

□□□ ちょっと昼寝したら頭がスッキリするよ。

▸ A quick nap will ～

61

That's completely out of the question.

「問題外だ」「論外だ」「それダメなやつじゃない？」「話しにならん」などの日本語にも当たります。

62

Just nuke it.

Heat it up in the oven.

「電子レンジで温める」は nuke を使って言うことが多いです。

63 **My dad gave me a supportive push on the back.**

He supported me.

64 **Could you take a few minutes to fill out this survey?**

Could you answer this questionnaire?
（アンケートは survey または questionnaire）

65

A quick nap will clear your head.

Unit 7（No. 61～70）

66

☐☐☐ ちょっとフラフラします。

▶ I feel ～

67

☐☐☐ ちょっとぶらぶらしてるよ。

▶ I'm gonna ～
［4語］

68

☐☐☐ ツーショットで写真撮ってあげるよ。

▶ Let me take ～

69

☐☐☐ 手が空いたら言ってください。

▶ Let me know when ～

70

☐☐☐ 手がベタベタしてる。

▶ My hands ～
［4語］

66

I feel kind of dizzy.

dizzyは「めまいがする」という意味です。

67

I'm gonna stick around.

They're hanging around in a bar.
（バーでうろついている）

stick aroundは「帰らずにあたりをぶらぶらする」という意味です。

68

Let me take a picture of you two together.

69

Let me know when you have time.

when you get a chance（機会があれば）

70

My hands are sticky.

Unit 8（No. 71～80）

71

デザートは別腹です。

▶ There's always ～

72

手抜きはだめだよ。

▶ Don't ～［3語］

73

店員さんにじろじろ見られた。

▶ The salesclerk kept ～

74

電車はガラガラだった。

▶ (empty)

75

テンション上がる～。

▶ I'm so ～［3語］

71 **There's always room for dessert.**

🔄 **I still have room for ice cream.**
（アイスクリームはまだ入るよ）

roomは「空間」という意味です。「お腹にデザート用の空間がある」という発想です。

72 **Don't cut corners.**

🔄 **Don't be lazy.**
/ Don't slack off.（slack off ＝怠ける）

cut cornersは「角を曲がらず、近道をする」、つまり「手抜きする」という意味です。

73

The salesclerk kept staring at me.

74

The train was almost empty.

75

I'm so excited.

🔄 **You're extra hyper today.**（ハイテンション）

Unit 8 (No. 71～80)

76

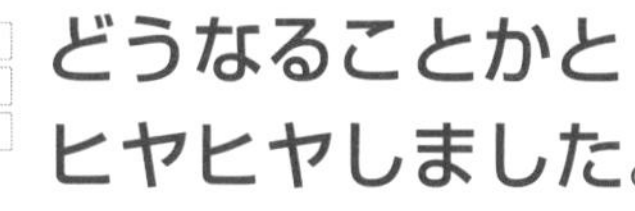
□□□ どうなることかとヒヤヒヤしました。

▸ It almost gave me ～

77

□□□ 年には勝てません。

▸ I can't help ～

78

□□□ ドヤ顔になってたよ。

▸（have）（smug うぬぼれた）

79

□□□ どんどん食べて。

▸ ～ in［2語］

80

□□□ 長い目で見ると、そのほうが安いね。

▸ It's cheaper ～

---

76 **It almost gave me a heart attack.**

I was so nervous.

heart attack は「心臓発作」。「心臓発作になるくらい不安だった」ということです。

77 **I can't help getting old.**

My age is beginning to tell (on me).

can't help ~ing は「～せざるを得ない」、つまり「自然に歳はとっていくものだ」ということです。

78 **You had a smug look on your face.**

You had a smug face.

79 **Dig in.**

Help yourself to any food you like. / East as much as you want.

dig in は、「遠慮なく食べる」「がつがつ食べる」というイメージです。

80 **It's cheaper in the long run.**

in the long run は「長い走りで（考えると）」、つまり「長い目で見ると」ということです。

Unit 9 (No. 81～90)

81

□□□ なに、ニヤニヤ笑ってるんですか。

▶ What's ～？［3語］

82

□□□ のどから手が出るほど情報が欲しい。

▶ I'm desperate ～

83

□□□ ピカピカの新車だね。

▶ You have a ～

84

□□□ 膝がズキズキ痛みます。

▶ I have a ～

85

□□□ 人前でイチャイチャするな。

▶ (act) (lovey-dovey)

81
What's so funny?

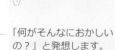

Why are you smirking?
（smirk ＝気取ってニヤニヤ笑う）

「何がそんなにおかしいの？」と発想します。

82
I'm desperate for the information.

「欲しくてたまらない」という意味の形容詞 desperate を使ってみましょう。

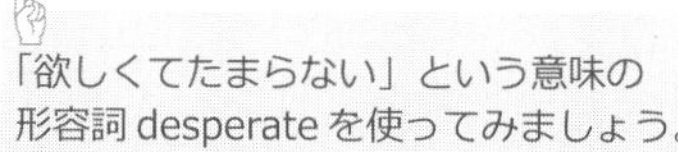

I'm dying to get the information.（I'm dying to~ ＝～したくてたまらない） **/ I really want it!**

83
You have a shiny new car.

spick and span（小ぎれいでピカピカ）

84
I have a sharp pain in my knee.

「胃がキリキリ痛む」も I have a sharp pain in my stomach. で表すことができます。

85
Stop acting lovey-dovey in public.

lovey-dovey は「イチャイチャ」「ラブラブ」というイメージです。

Unit 9 (No. 81～90)

86

□□□ ピンチをチャンスに変えよう。

▸ Tough times ～ (bring)

87

□□□ ブツブツ言うな。

▸ Stop ～

88

□□□ ぼーっとしないで。

▸ You're ～

89

□□□ 水がポタポタ落ちている。

▸ Water is ～

90

□□□ みんなの意見がバラバラで、まとまりませんでした。

▸ We all had ～ and ～ (can)

86 **Tough times bring opportunities.**

Turn a crisis into an opportunity.

「大変なとき（tough times）は好機（opportunities）をもたらす（bring）と捉えます。

87 **Stop grumbling.**

「ブツブツ不平を言う」「ぼやく」は grumble がピッタリです。

88 **You're absent-minded.**

I was just daydreaming.
/ She's spacy. （spacy ＝ぼーっとしている）

89 **Water is dripping.**

「ポタポタ落ちる」は drip です。ドリップコーヒーを思い出しましょう。

90 **We all had different opinions and couldn't reach an agreement.**

Unit 10 (No. 91～100)

91

□□□ 目が点になったよ。

▶ I was like ～
［4語］

92

□□□ 目からウロコでした。

▶ The scales
(fall)

93

□□□ もう頭に来た！
（ブチ切れた！）

▶ (have)
(up to here)

94

□□□ もう彼はベテランだから。

▶ (have)
(experience)

95

□□□ もうヘトヘトだよ。

▶ I feel ～［4語］

91

I was like "What?"

I was like ~.（～って感じだった。）

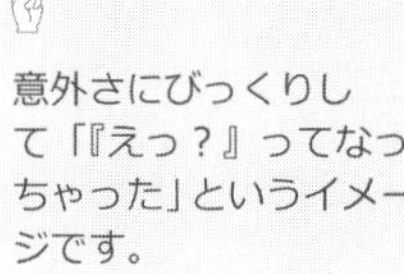
意外さにびっくりして「『えっ？』ってなっちゃった」というイメージです。

92

The scales fell from my eyes.

It opened my eyes.

93

I've had it up to here!

OK, that's it（よし、そこまでだ！）

up to here は「（我慢の限界が）ここまで（頭まで）上ってきている」、つまり「ブチ切れた」という意味です。

94

He already has a lot of experience.

a nurse with a lot of experience /
an experienced nurse（ベテラン看護師）

veteran は「退役軍人」という意味で使うことが多く、「経験豊か」という意味では、have a lot of experience がベターです。

95

I feel worn out.

I feel exhausted.

Unit 10 (No. 91～100)

96
□□□ 夕べは帰ったらバタンキューだった。
▶ I crashed right ～

97
□□□ 夢の実現に向けてチャレンジしてみてください。
▶ Do your best to ～

98
□□□ 若い連中の仕事をフォローしてあげてください。
▶ Can you help ～ (younger guys)

99
□□□ 私にはちんぷんかんぷんです。
▶ It's ～ ［5語］ (Greek)

100
□□□ 私の部屋はかなりごちゃごちゃしています。
▶ My room is ～ ［6語］

96 **I crashed right after I got home last night.**

I passed out ~.

crash は「墜落する」という意味ですから、ベッドなどにバターンと倒れこむイメージです。

97 **Do your best to make your dream come true.**

98 **Can you help the younger guys with their work?**

help の代わりに support, follow up, back up を使ってもいいでしょう。

99 **It's all Greek to me.**

It all sounds gibberish to me.
(gibberish ＝ちんぷんかんぷん)

英語圏ではギリシャ語（Greek）は難しい言語というイメージがあり、理解し難いということです。

100 **My room is kind of messy.**

さくいん

き

く・け

こ

つ・て

と

な

に・ね・の

は

ひ

ふ・へ・ほ

ま

み・む・め

も

や

ゆ

よ

ら・り・れ

わ

「英会話ミニ検定」 採点と評価ランク

「英会話ミニ検定」第１～５回　自己採点シート

	Unit 1	Unit 2	Unit 3	Unit 4	Unit 5	Unit 6	Unit 7	Unit 8	Unit 9	Unit 10	計
第1回											/100
第2回											/100
第3回											/100
第4回											/100
第5回											/100

合計
/500

	Unit 1	Unit 2	Unit 3	Unit 4	Unit 5	Unit 6	Unit 7	Unit 8	Unit 9	Unit 10	計
第1回											/100
第2回											/100
第3回											/100
第4回											/100
第5回											/100

合計
/500

	Unit 1	Unit 2	Unit 3	Unit 4	Unit 5	Unit 6	Unit 7	Unit 8	Unit 9	Unit 10	計
第1回											/100
第2回											/100
第3回											/100
第4回											/100
第5回											/100

合計
/500

ひとこと英会話力☆評価ランク

自己採点の合計得点をもとにした「ひとこと英会話力」の評価ランクです。これを参考に学習、また実践を続けて、さらなるレベルアップをはかりましょう。

★★★ 480 ～500点	**「おもてなしジャパン」親善大使** 英語をコミュニケーションツールとして、世界中どこでも、“日本の顔” として堂々と振る舞える。
★★ 430 ～479点	**「おもてなしジャパン」代表エース** 日本の代表として、国際交流の最前線でどんどん活躍できる。
★ 350 ～429点	**「おもてなしジャパン」代表** 日本の代表として、ホスト役・ガイド役をしっかり担うことができる。
300 ～349点	**「おもてなしジャパン」代表候補** 及第点をクリア。今後、実践を重ねながらのレベルアップが期待される。
～299点	**「おもてなしジャパン」研究生** よく使われるものから、表現のストックを増やしていきましょう。

※ 最初はわかるものが少なくても、2回、3回とトライする中で表現を覚え、スコアを上げていきましょう。

●著者紹介

山崎 祐一（Yamasaki Yuichi）

長崎県出身。カリフォルニア州立大学サンフランシスコ校大学院修了。現在、長崎県立大学教授。専門は英語教育学、異文化コミュニケーション。日米の国際家族に育ち、言葉と文化が不可分であることを痛感。アメリカの大学で講義を9年間担当。数々の通訳業務や映画の翻訳にも携わり、依頼講演は800回を超える。NHK総合やTBSなど、テレビや新聞等でも英語教育や異文化理解に関する解説やコメントが紹介される。TOEFL（PBT）673点（TOEIC換算990点）、TSE（Test of Spoken English）スピーキング・発音部門満点、TWE（Test of Written English）満点。
著書に『瞬時に出てくる英会話フレーズ大特訓』『世界一やさしい すぐに使える英会話超ミニフレーズ300』『ネイティブが会話で1番よく使う英単語』『ゼロからスタート英会話 英語の気くばり・マナーがわかる編』（以上、Jリサーチ出版）など。

レイアウト・DTP　オッコの木スタジオ
カバーデザイン　斉藤啓
本文イラスト　村山宇希
ダウンロード音声制作　高速録音株式会社
ナレーター　Karen Haedrich ／水月優希

本書へのご意見・ご感想は下記URLまでお寄せください。
https://www.jresearch.co.jp/contact/

外国人とのコミュニケーション力を高める
英会話ミニ検定　100問×5回分

令和3年（2021年）4月10日　初版第1刷発行

著　者　山崎祐一
発行人　福田富与
発行所　有限会社　Jリサーチ出版
〒166-0002
東京都杉並区高円寺北2-29-14-705
電　話　03(6808)8801（代）　FAX　03(5364)5310
編集部　03(6808)8806
twitter 公式アカウント　@ Jresearch_
https://twitter.com/Jresearch_
印刷所　シナノ パブリッシング プレス

ISBN 978-4-86392-512-0